Franz Josef Görtz

»Fabelhaft! Aber falsch!«

Franz Josef Görtz

»Fabelhaft! Aber falsch!«

Marcel Reich-Ranicki in Anekdoten

Vignetten von Isabel Klett

DUMONT

Erste Auflage 2010

Umschlag: Zero, München
Gesetzt aus der Dante und der Antique Olive
Druck und Verarbeitung: CPI – Clausen & Bosse, Leck
Gedruckt auf säurefreiem und chlorfrei gebleichtem Papier
Printed in Germany
ISBN 978-3-8321-9595-3

www.dumont-buchverlag.de

Einem Kritiker gegenüber, dem der Vorwurf erspart bleibt, er sei anmaßend, und der auch nicht der schulmeisterlichen Attitüde bezichtigt wird, ist, glaube ich, besondere Skepsis angebracht.

Marcel Reich-Ranicki

»Sie wollen die Welt verbessern? Lassen Sie das lieber! Einer meiner Vorfahren hat's versucht – den haben sie ans Kreuz genagelt.« Marcel Reich-Ranicki im Originalton – zaghaft oder zimperlich klingt das nie. Sondern immer streitbar und rundheraus, oft schroff und gelegentlich auch ungezügelt aggressiv. Temperament und Leidenschaft schwingen da mit, verraten Witz und sprungbereite Geistesgegenwart, seine allgegenwärtige Lust an der Provokation.

Wie der Realismus der sogenannten Kölner Schule noch am ehesten auf einen gemeinsamen Nenner zu bringen sei? »Das Einzige, was diese Autoren miteinander verbindet, ist, dass alle in diesen Romanen onanieren.« Warum er Harriet Beecher-Stowe, der Verfasserin des Romans *Onkel Toms Hütte*, gotteslästerliche Neigungen nachsagt? »Sie hat gesagt, als sie das Buch schrieb, habe Gott ihr die Feder geführt. Das halte ich für Blasphemie, denn sie macht Gott für die ganzen Sentimentalitäten und all den Kitsch verantwortlich, den sie ziemlich stark liefert.« Warum die in den sechziger und siebziger Jahren veröffentlichten Erzählungen von Harold Brodkey uns auch mehr als ein Vierteljahrhundert später noch etwas zu sagen haben? »Das Problem des Orgasmus bei Damen ist immer noch sehr aktuell.«

Schlagfertig ist er von Natur, nicht ernsthaft in Verlegenheit zu bringen und darum bei Auftritten vor Kamera und Mikrofon stets für eine Überraschung gut. Damit bringt er

nicht bloß die Lacher sofort auf seine Seite. Die Eitelkeit, die Marcel Reich-Ranicki angeblich von Berufs wegen (»Kritiker müssen eitel sein«) an den Tag legt, verzeiht man des Charmes wegen, mit dem er ihn lächelnd zur Schau trägt: »Ich finde Michelangelo in Zusammenhang mit meiner Person nicht beleidigend.« Und überhaupt: »Wenn von mir die Rede ist, davon rede ich sehr gerne.«
Er bleibt allezeit Herr des Verfahrens, im persönlichen Disput ebenso wie in öffentlichen Debatten. Erst recht, wenn andere den Ton angeben wollen. Versuche in dieser Richtung haben kurze Beine. Natürlich lässt er seine Gegner ausreden. Oft und mit Kalkül so lange, bis ihnen der Atem und mit den Worten auch die Argumente ausgehen. Seine Pointen machen wehrlos. Sie sind ohne Umschweife einleuchtend und üben unwillkürlichen Zustimmungszwang aus. Das macht sie einprägsam und schnell zu Bonmots. Längst hat sich herumgesprochen, dass er die Menschen in seiner Umgebung grundsätzlich mit »Lieber« oder »Liebste« anredet. Wer öfter mit ihm zu tun hat, weiß bald, dass er sich am Telefon bloß mit einem lang gezogenen »Jaaaa« zu Wort meldet, das sich wie ein Fragezeichen anhört. Nicht anders pflegt er auch ein Taxi zu bestellen. Selbstverständlich geht er inzwischen davon aus, dass zumindest Frankfurter Taxi-Unternehmern seine Stimme so vertraut ist, dass sie ohne Gegenfrage losfahren. In Streitgesprächen kommen seine

Gags wie aufs Stichwort und sind gewöhnlich origineller als die verkrampften Anstrengungen der anderen Seite. »Der liebt über seine Verhältnisse«, hat er von einem jungen Mann gesagt, der aller Welt mit seinen vielen virtuellen Amouren auf die Nerven ging.

Sein Wortwitz ist scharfzüngig, knapp und präzise. Und wenn er, selten genug, einmal weiter ausholen muss, folgt das dicke Ende gewöhnlich im nächsten Halbsatz: »Fabelhaft!« So sagt er gern, um sich erst mal Gehör und etwas Luft zu verschaffen. Dann kommt: »Aber völlig falsch!« Denkpause fürs Publikum. Fragen oder Einwänden an dieser Stelle begegnete er im *Literarischen Quartett* überaus souverän: »Nein! Ich möchte erst mal zu klären versuchen, wie ich selbst die Sache sehe.«

In den siebenundsiebzig Sendungen des *Literarischen Quartetts*, vom März 1988 bis zum Juni 2000, war der zum Medienstar avancierte ehemalige Literaturchef der *Frankfurter Allgemeinen Zeitung* unumstritten der große Zampano: von seinen Fans immer schon so respektvoll bewundert wie von seinen Gegnern auf Schritt und Tritt verächtlich gemacht. Denn stillgehalten hat er vor den laufenden Fernsehkameras keine Sekunde lang, im *Quartett*, schon lange davor bei der Gruppe 47 oder beim Bachmann-Wettbewerb in Klagenfurt so wenig wie vor seinen Kollegen in den wöchentlichen Redaktionskonferenzen der *FAZ*. Wenn Reich-

Ranicki daran teilnahm, dauerte die Veranstaltung länger als sonst, verlief häufig lebendiger und meist kurzweiliger und war auch besser besucht. Marschiert »der Russe« nach Polen ein oder nicht? Darüber wurde im Dezember 1981 tagesaktuell lang und breit gestritten, bis MRR gewissermaßen ex cathedra verkündete, selbstverständlich würden die Russen nicht nach Warschau marschieren – denn in Gestalt des moskautreuen Ministerpräsidenten Jaruzelski seien sie längst schon da. Den lautstark sich äußernden Zweiflern im Saal begegnete Reich-Ranicki mit der kecken Frage, ob vielleicht einer der Kollegen schon einmal Mitglied der Kommunistischen Partei gewesen sei. Der darauffolgenden Irritation machte er mit den Worten »Aber ich!« ein Ende. Das war augenscheinlich Argument genug.

Auch von Ringelnattern ist in diesem Bändchen die Rede, sogar von Kängurus und Schnabeltieren – mehr aber, wenn auch in diesem Zusammenhang, von Thomas Mann, Siegfried Lenz, Günter Grass und Martin Walser. Als ich mich, vor dreißig Jahren, bei Marcel Reich-Ranicki um eine Stelle als Literaturredakteur bewarb, galt eine seiner ersten Fragen in dem Rigorosum, zu dem ich mit Aktenköfferchen und dunkelblauem Dreiteiler in seinem Dienstzimmerchen antrat, meinem Verhältnis zu Günter Grass.

Aus symmetrischen Gründen schließe ich mit einer Anekdote über Reich-Ranickis Verhältnis zu Grass und umgekehrt. »Ich werde ihn nicht los, und er wird mich nicht los.« Schrieb Grass. Und fuhr fort mit einer Erinnerung an einen Besuch von MRR in Lübeck: »Die ihm nachgesagte Unerbittlichkeit ist, so schien mir, von den Rändern her ein wenig faserig, durchsichtig geworden; das macht ihn umgänglicher. Er stellte sogar Fragen, vermutlich aus aufkeimendem Selbstzweifel. Ich hätte ihn umarmen sollen. Das sei hiermit nachgeholt. Noch haben wir Zeit für weitere Missverständnisse und Liebesbeteuerungen.«

Täglich Telefon

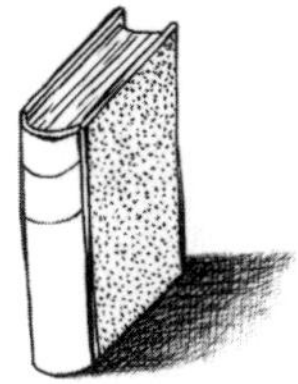

MRR mag die Frankfurter Taxifahrer, und sie lieben ihn. Und das war schon so, als er noch der Literaturchef der *FAZ* war. Sie erkannten seinen Dienst-Mercedes 230E von Weitem, das Kennzeichen (F – AZ 734) war ihnen vertraut, sie gaben Lichthupe, wenn er nach der Fahrt durch den Hafentunnel auf der Mainzer Landstraße versehentlich mit Abblendlicht zum Hellerhof unterwegs war, und sie bremsten freundlich winkend, falls er einmal ohne Vorfahrt kreuzte. Wenn er selbst, für die Fahrt von der Wohnung im sogenannten Dichterviertel in die Redaktion, ein Taxi bestellte, dann immer bei demselben Unternehmen. Weil er voraussetzte, dass seine Stimme aller Welt vertraut war, pflegte er sich lediglich mit einem lang gezogenen »Jaaaaa« zu melden, das wie eine Frage klang, ebenso wenn er angerufen wurde. Danach schwieg er lange – die Konversation wurde von der Mitarbeiterin des Taxi-Unternehmens bestritten: ausgesucht höflich, wie unter alten Bekannten, als habe man just in dieser Minute mit seinem Anruf gerechnet und wisse schon alles. Genau das schien er auch zu erwarten. Und beendete das Schweigen mit dem Halbsätzchen: »Dann wie immer!«

Natürlich, so Hellmuth Karasek, sei er »oft genug nach meinem Verhältnis zu Reich-Ranicki gefragt worden, ob es eng sei, sehr persönlich. Nach einigem Nachdenken habe ich mir eine Antwort zurechtgelegt. Ich glaube, sie ist keine Ausrede: Dass man nämlich zu jemandem, mit dem man zwölf Jahre lang zur gleichen Zeit die gleichen Bücher liest und über die am Ende auch noch seine Eindrücke austauscht, ein ähnlich enges Verhältnis hat wie zu einem Menschen, mit dem man über Jahre Monat für Monat gemeinsame Wanderungen durch immer neue Landschaften unternimmt. Man sieht die gleichen Täler, hört die gleichen Quellen rauschen, macht sich auf die Schönheit von Kirchen, Schlössern und Kapellen aufmerksam, streitet wohl auch darüber, wo man zur Rast einkehren will und ob man das Essen gut findet. Schon deshalb war ich ihm sehr nahe, wobei er einer der Menschen ist, die einem trotz gelegentlicher Heftigkeit nie zu nahe treten – er verlangt Respekt, und er zeigt Respekt. In Wahrheit sind wir beim Lesen nicht durch romantische Täler gewandert, sondern durch Müllhalden, Trümmerfelder, wüste Träume, groteske Angstvorstellungen.«

»Es war schön«, berichtet Hellmuth Karasek, »mit MRR in unzähligen, langen Telefonaten Erfahrungen über meine und seine Lektüre auszutauschen: über das, was wir nicht ins *Quartett* nehmen wollten – noch mehr als über das, was wir dann öffentlich verhandelten. Es waren stets streitbare, stets lebhafte, ja temperamentvolle Gespräche. Marcel Reich-Ranicki spielt nie, simuliert nie, ist immer mit überhitzter Anteilnahme bei der Sache, er ist ein Anwalt der Literatur, Verteidiger wie Staatsanwalt, der aber kein Kassationsgericht duldet. Ob am Telefon, privat in einer Wohnung oder einer Hotelhalle – in Wahrheit war er nie anders, als er sich in der live ausgestrahlten Sendung darstellte, auch wenn er dort (meist jedenfalls, oder manches Mal) mit seiner Redezeit disziplinierter umging. In keiner Sendung kam man besser zu Wort als in dieser, in der es nur um Worte ging. Man musste die Chance nur beim Schopfe fassen.«

Was Reich-Ranickis Redakteure regelmäßig zu hören bekamen, wenn sie beispielsweise einen Nachruf schreiben mussten und der Redaktionsschluss bedrohlich näher rückte: »Lieber, Schluss jetzt! Sie sind längst über der Zeit!« Und ohne auch nur eine Zeile gelesen zu haben, fügte er hinzu: »Außerdem ist es viel zu lang!« Ein Argument, von dem er grundsätzlich auch bei Romanen Gebrauch zu machen pflegte. Nur für seine eigenen Artikel schien es nicht zu gelten – oder doch nur während der ersten Jahre als freier Mitarbeiter der *Zeit*. So versichert jedenfalls Dieter E. Zimmer, der bei der *Zeit* damals oft sein Redakteur war. Wenn MRR ein Manuskript abgeliefert hatte, habe er sich gewöhnlich schon tags darauf ein wenig bang am Telefon erkundigt: »Mein Lieber, ist es wieder zu lang?«

Ulrich Weinzierl, langjähriger Kulturkorrespondent in Wien und ständiger Mitarbeiter des Literaturressorts, erinnert sich an die Tage, die er im Hause Reich-Ranicki verbrachte, als beide die Edition der Werke Alfred Polgars vorbereiteten. Zu Gast war ebenfalls Gerda Boehm, die in London lebende dreizehn Jahre ältere Schwester von MRR: »Als Madame la sœur das kleine Speisezimmer betrat, an dessen einer Wand auf einem Regal keineswegs protziges Silber und Trophäen aufgestellt sind, äußerte sie, entrüstet über die vermeintliche Üppigkeit, verblüffenden Tadel: ›Hier sieht es ja aus wie in einem Bordell.‹ Der Hausherr, sichtlich getroffen, erwiderte ebenso verblüffenderweise – nichts. Plötzlich war aus dem großen, um keine Replik verlegenen Marcel Reich-Ranicki, dem beredtesten Redner der Republik, wieder der kleine Bruder von ehedem geworden, der Unrecht still erduldete. Aus dem Schweigen sprachen Respekt und Dankbarkeit. Vielleicht, weil ihn die Schwester vor dreiundsiebzig Jahren zum ersten Mal in Wagners *Meistersinger* geführt hat. Und sicherlich deshalb, weil sie die einzige Überlebende aus seiner Kindheit ist.«

Seine Freundschaft mit Walter Jens nannte er »nicht nur die weitaus längste und wichtigste in meinem Leben, sondern auch, ich bin dessen sicher, die seltsamste«. Man fuhr zwar nicht zusammen in die Ferien, traf sich aber regelmäßig auf den Tagungen der Gruppe 47, später beim Bachmann-Wettbewerb in Klagenfurt, reiste mit den Ehefrauen gemeinsam zu den Festspielen nach Salzburg und Bayreuth. Vor allem aber telefonierte man täglich miteinander: »Lange bevor der Telefon-Sex erfunden war, praktizierten wir die Telefon-Freundschaft«. Und man einigte sich darauf, »wer von uns beiden den anderen überleben werde, der sollte ihm den Nachruf schreiben.«

Gern erzählen Mitarbeiter und Kollegen von MRR ebenso wie Schriftsteller, Verleger oder Lektoren, wie das war, als sie ihm das erste Mal begegnet sind. So auch Renate Schostack, die in den siebziger Jahren lange Zeit der Feuilletonredaktion angehörte und Mitglied der Literaturredaktion der *FAZ* war, bevor sie als Kulturkorrespondentin des Blattes nach Rom wechselte. Als MRR 1973 die Leitung des Literaturblatts übernahm, musste Karl-Heinz Bohrer nach London gehen und Renate Schostack von dort zurück in die Frankfurter Zentrale wechseln. Vor diesem Revirement traf sie MRR in London. Seine Abschiedsworte hat sie nicht vergessen: »Wir sehen uns wieder, Liebling.« Und war nicht wenig konsterniert. Denn »ich wusste nicht, dass Liebling bei ihm ein galanter und praktischer Ersatz für die namentliche Anrede ist, enthebt die Floskel doch den Benutzer der Notwendigkeit, sich einen Namen merken zu müssen.«

Lieber, was gibt's Neues?

Jeder, der mit MRR häufiger zu tun hat, kenne dieses Gefühl, berichtet der *ZDF*-Redakteur Werner von Bergen: »Diese lustvolle Herausforderung, diese Unruhe, diesen Druck, das Telefonat mit ihm zu bestehen. Jedes Mal fühlt es sich ein wenig an wie bei einer Prüfung. Wenn man anruft, meldet er sich allenfalls mit einem gedehnten ›Jaaaa?‹. Wenn er anruft, hält er sich nicht umständlich auf mit höflichen Begrüßungsformeln, es geht gleich zur Sache. Die gnadenlose Frage wird früher oder später immer kommen: ›Lieber, was gibt's Neues?‹ Wehe, wenn man sich nicht vorher etwas zurechtgelegt hat, um den allerneuesten Klatsch und Tratsch aus der Literaturszene parat zu haben. ›Was gibt es Neues?‹ Stolz legt man ihm die präparierte Story vor, er jedoch winkt ab. ›War es das schon mit Ihrer Geschichte? Kenne ich schon, nein, es war ganz anders …‹ Krampfhaft sucht man nach einer Ersatzgeschichte. Es folgt, was folgen muss: ›Sie langweilen mich! Adieu, ich habe zu tun.‹ Aber dann holt er doch wieder aus und erzählt genüsslich, wer krank und hinfällig geworden sei: ›Er kapiert überhaupt nichts mehr!‹ Noch ein stolzes Nachfassen mit der zweifellos rhetorischen Frage: ›Ja, und wissen Sie, wie alt *ich* bin?‹«

Es müsse Mitte der achtziger Jahre gewesen sein, vermutet Elke Heidenreich. Sie war Talkmasterin der Sendung *Leute* vom SFB, ihr Gast MRR. Sie begegneten einander zum ersten Mal. Sie konnte fragen, was sie wollte, er schmetterte sie gekonnt ab: »Ich schrumpfte auf Däumlingsgröße mit meinen dämlichen Fragen. Aber ich war in jeder Antwort, wie ironisch auch immer, die ›Liebste‹. Immerhin.« Ohne nachzudenken und nicht aus Kalkül sagt sie »am Schluss dieses seltsamen Nicht-Gesprächs in einer Mischung aus Demut, Glück und Eingestehen einer Niederlage mit Teilsieg zu ihm: ›Danke, Liebster.‹ Da begann unsere Freundschaft.«

Bei der Tagung der Gruppe 47 in Sigtuna, 1964, MRR im Gespräch mit Walter Jens, dem er am Abend zuvor das Du angeboten hat: »Wundere dich nicht, wenn ich mich zweimal am Tag rasiere. Im Ghetto habe ich gelernt, das kann lebensrettend sein. Ein Jud ist ein Schmutzfink: Zur Hölle mit ihm. Und dann noch eins. Ich habe damals überlebt, indem ich die Sprache der Deutschen imitierte. Kannst du dir vorstellen, wie markant ich redete, ein deutscher Mann, der Goebbels *Reich* aus der Tasche holte und – wider seine Natur – die Teutonen Mores lehrte: ›Wohl verrückt geworden, wie?‹«

»Besonders prickelnd«, sagt Stefan Aust, der ehemalige Chefredakteur des *Spiegel*, seien die drei Ausgaben mit MRR auf der Titelseite gewesen: 1993 als »Der Verreißer«, 1995 mit der Titelzeile »Mein lieber Günter Grass« und schließlich 2001 mit der Zeile »Was man lesen muss«. Der Titel mit dem spektakulären Verriss des Grass-Romans »Ein weites Feld« sei »der spannendste der drei großen Reich-Ranicki-Auftritte in unserem Magazin« gewesen, so Aust. Und »der einzige, der noch vier Jahre später öffentlich diskutiert wurde – 1999, als Grass den Literaturnobelpreis erhielt«. Wobei aus dem ursprünglich geplanten *Spiegel*-Titel mit Grass ein weiterer mit Reich-Ranicki geworden sei, »von dem vor allem die Titelbild-Collage provozierte«. Etliche Leser hielten das Bild, das ein *ZDF*-Werbeplakat für das *Literarische Quartett* zitierte (»Wer gerne liest, sollte öfter mal fernsehen«), tatsächlich für ein authentisches Foto und zeigten sich empört, weil MRR es gewagt habe, sich bei einer offensichtlichen Buchschändung fotografieren zu lassen. MRR gab zu Protokoll, er sei bei der Festlegung der Titelgestaltung in Urlaub gewesen. Ein kleines, »bis jetzt gehütetes Redaktionsgeheimnis« gab Aust 2005 dann doch preis: »Reich-Ranicki befand sich zwar im Urlaub, als die Wahl des Titelbildmotivs auf jenes *ZDF*-Plakat fiel – aber er ist, als wir ihn deswegen anriefen, durchaus ans Telefon gegangen.«

Mathias Schreiber, zuletzt Ressortleiter Kultur des *Spiegel*, erinnert sich an eine Reihe von Begegnungen mit MRR. Schreiber ist zusammen mit Volker Hage Autor einer Biografie über Reich-Ranicki, war Redaktionskollege in der *FAZ* – und ist ihm zum ersten Mal bei der Tagung der Gruppe 47 in Princeton begegnet, anno 1966. Für Schreiber war, so sagt er, die erste Begegnung mit Reich-Ranicki »wie der Auftakt zu einem schlechten Roman. Er, damals fünfundvierzig Jahre alt, betrat, unwillig murmelnd, pfeifend, schnaufend, den mittelgroßen Raum, in dem ich mich schon befand, stellte sich, ein paar Meter links von mir, an die Wand und ließ es plätschern. Ich erstarrte fast vor Schreck und Ehrfurcht – er, der große Wortführer, der damals schon ebenso bekannte wie umstrittene Literaturkritiker, zum Greifen und Ansprechen! nah, aber leider bei einer sehr irdischen Verrichtung; da schickte es sich nicht einmal, ›Guten Tag‹ zu sagen. Ich habe den Raum hastiger verlassen, als es nötig gewesen wäre.«

Im *Literarischen Quartett* am 24. August 1995 ging es lang und breit um den Grass-Roman *Ein weites Feld* und um das Titelbild des *Spiegel*. Hellmuth Karasek stellte klar: »Ich muss die Gelegenheit benutzen, um etwas zur ›Political Correctness‹ zu sagen: Ich bin *Spiegel*-Redakteur, und jetzt hat man eine willkommene Gelegenheit genommen und gesagt, das letzte Titelbild sei unmenschlich. Mit diesem Bild wird aber seit Jahren geworben für das *Literarische Quartett*, das haben wir als Zitat benutzt beim *Spiegel*. Und wir haben auch Herrn Reich-Ranicki gesagt, dass wir es benutzen.« MRR dazu: »Ja, ich dachte zwar, ich bin zusammen mit Grass darauf, aber es ist mir alles völlig egal. Das Bild ist, soweit ich weiß, einem Gemälde von Michelangelo nachgeahmt. Da wird Moses gezeigt mit den beiden Tafeln in der Hand. Ich finde Michelangelo in Zusammenhang mit meiner Person nicht beleidigend. Aber der Vergleich ist ein bisschen hoch gegriffen. Es geht um Folgendes. Ich habe gehört, die Leute sind empört, dass ich gegen dieses Titelbild nicht protestiert hätte. Ich denke nicht daran, zu protestieren. Für mich ist nur eine einzige Frage von Interesse: Trägt dieses Titelbild dazu bei, dass mehr Leute diese Nummer des *Spiegel* kaufen und meinen Artikel lesen? Wenn ja, dann bin ich froh, dass dieses Titelbild darauf ist. Jedenfalls: Grass hat das langweiligste Buch dieser Jahre und Jahrzehnte geschrieben. Schluss.«

Im *Literarischen Quartett* ging es am 15. August 1993 um Bücher von Harry Mulisch, Cees Nooteboom, T. C. Boyle, Horst Stern und Martin Walser. In Walsers *Ohne einander* komme ein Kritiker vor, vor dem die Hauptfigur des Romans, ein Schriftsteller namens König, »furchtbare Angst« habe – so Karasek und Löffler übereinstimmend. Darauf MRR: »Also, wenn von mir die Rede ist, davon rede ich sehr gerne.« Eine Minute später: »Dass ich sehr lange Haare habe, die hinten mit einer Spange zusammengehalten werden, ist leicht übertrieben. Walser hat über mich schon mehrfach geschrieben, es gibt zwei sehr gute Erzählungen, wo ich als Kommissar auftrete mit Glatze – näher dran, allgemein wenn er auf mich zu sprechen kommt, ist er gar nicht so schlecht. Wir wollen mal das Positive an der Sache sehen. Walser ist kein Erzähler. Er kann Romane ums Verrecken nicht schreiben.«

Auch am 26. April 1996 ging es im *Literarischen Quartett* um Martin Walser, und zwar um *Finks Krieg*. MRR nannte das Buch »eine missratene Parabel«. Löffler widersprach, das sei »ein Minderheitsvotum gegen drei«. MRR wandte ein: »Ach, seit wann sind Sie gegen die Ansichten der Minderheiten?« Darauf Karasek: »Herr Reich-Ranicki, Sie als Minderheit zu beschreiben, ist schon eine Untertreibung. Sie sind alleine ein ›Mehr‹.«

Wie MRR das sieht

Es ging im *Literarischen Quartett* vom 20. April 1995 um Susanna Tamaros Buch *Geh, wohin dein Herz dich trägt*. Das, so MRR, habe »mit Literatur überhaupt nichts zu tun«. Er erwartete, dass offen gesagt würde, »dass das Dreck ist, das kann jeder«. Karasek darauf: »Darf ich etwas anbieten?« MRR kategorisch: »Nein!« Karasek setzte nach: »Zur Klärung?« MRR abermals: »Nein! Ich möchte erst mal versuchen zu klären, wie ich die Sache sehe.«

Um das Selbstverständnis war es dem *Literarischen Quartett* immer mal wieder zu tun. So auch am 29. Oktober 1999, wo unter anderem der Roman *Ein hinreissender Schrotthändler* von Arnold Stadler das Thema war. Bei dieser Gelegenheit bekannte MRR: »Ich will ja nie meine Gesprächspartner überzeugen. Das ist ein hoffnungsloses Unternehmen. Ich will nur sagen, mir ist dieser Roman außerordentlich fremd, ich weiß nicht, wozu ich ihn gelesen habe. Und dass er den Büchner-Preis bekommen hat: Lieber, wir sind keine Aufsichtsbehörde, die darüber wacht, wer welchen Preis bekommt.«

Im *Literarischen Quartett* am 22. Februar 1996: »Unser Gast heute Abend ist Peter Glotz. Peter Glotz ist Politiker und wurde dennoch in unser Quartett eingeladen. Nicht weil, sondern obwohl er Politiker ist. Ich sage das ausdrücklich, weil ich fürchte, dass nach der Teilnahme von Peter Glotz andere Politiker auch bei uns werden teilnehmen wollen.« Darauf Glotz: »Es gibt aber mehrere, die lesen und schreiben können.« MRR: »Ja. Es hat sich sogar schon ein Bundesminister darum beworben, bei uns als Gast aufzutreten. Die Bewerbung wurde nicht berücksichtigt.«

»Das Fernsehen ist ein Moloch«, so Hellmut Karasek. »Und deshalb war da nichts von Selbstherrlichkeit – so absurd es klingen mag: fast am wenigsten bei Reich-Ranicki. Er war vor jeder Sendung vor Nervosität wie aufgefressen und gestand mir, dass er vor Sendungen, in denen es um folgenschwere Urteile ging – wie beim Buch von Ulla Hahn – Nächte nicht schlafen konnte und unter Bluthochdruck litt. Es waren für ihn keine zelebrierten Messen mit Weihrauch für das Ego, sondern strenge Prüfungen – immer mehr auch Prüfungen, ob er den Kampf gegen das Alter, den man nicht gewinnen kann, noch weiter führen könnte.

Als Walser seinen *Tod eines Kritikers* als Gedankenmordfantasie feierte, gab es das *Quartett* nicht mehr, Reich hatte aufgehört. In der *FAZ*, der Walser seinen Anti-Reich-Roman zum Vorabdruck offeriert hatte, begründete Frank Schirrmacher in einem offenen Brief, warum er das Buch ablehnen musste. Es war der letzte ›Skandal‹, den das *Quartett* bewirkte.«

»Aber Sie sind dann auf der Seite der Wärter!« 36

Buchmessen-Empfang bei Suhrkamp, Begegnung MRR mit Martin Walser. Walser sagt, falls irgendwann wieder Konzentrationslager gebaut würden, »dann sitzen wir beide drin«. MRR: »Aber Sie auf der Seite der Wärter!«

Provozieren unter Niveau

Das *Literarische Quartett* diskutierte am 18. Juli 1991 über Georges-Arthur Goldschmidts Internatsroman *Die Absonderung*. Auf Sigrid Löfflers Bemerkung, sie lasse sich »nicht unter Niveau provozieren«, erwiderte MRR zügig: »Ich glaube, im Fernsehen müssen wir immer ein bisschen unter unser Niveau gehen. Da ist nun gar nichts zu machen, liebe Frau Löffler.«

Ranickennen! Ranickennen!

Am 13. Juni 1997 ist die Schriftstellerin Kerstin Hensel zu Gast im *Literarischen Quartett*. Man diskutiert über Klaus Böldls *Studie in Kristallbildung*. MRR: »Ich habe während der Diskussion über das Buch ein merkwürdiges Erlebnis gehabt. Da hat der Karasek über das Buch enthusiastisch gesprochen, ich habe mir gedacht, er übertreibt, ein bisschen recht hat er schon. Dann hat Frau Hensel sehr negativ gesprochen, ich habe mir gedacht, sie übertreibt, aber sie hat schon recht. Und was Sie gesagt haben, Frau Löffler, ist vollkommen richtig.« Löffler wundert sich: »Sie sind heute so versöhnlich! Ist Ihnen nicht gut?« Darauf MRR: »Nein. Es geht mir gut, aber ich kann nicht immer Ihren Erwartungen folgen.«

Anfang der neunziger Jahre, MRR und Hellmuth Karasek werden eingeladen, mit Schülern einer Privatschule in Oberbayern über Literatur und Kritik zu diskutieren. Die Einladung ist sehr großzügig, Flüge von Hamburg beziehungsweise Frankfurt nach München, Unterkunft im Hotel Vier Jahreszeiten, Transfer vom und zurück zum Flughafen in großen Limousinen. Bei der Rückfahrt über die Landstraße in stockdunkler Nacht plötzlich eine wie in bengalisches Licht eingetauchte Nebelwand, dahinter »merkwürdige Verkehrszeichen mit aufgemalten Elchen, ein Schild ›Helsinki 30 km‹«. Große Irritation, der Chauffeur hält an einer mitten in der Nacht taghell erleuchteten Tankstelle an. »Drinnen lauter seltsam fremde Menschen, die eine fremde Sprache sprechen«, berichtet Karasek. In der Tankstelle nimmt man kein deutsches Geld, auf den Regalen nur finnische Produkte, ein Buch von Thomas Mann auf Finnisch. Ein Kunde scheint MRR zu erkennen: »Ranickennen! Ranickennen!«, ruft er und packt eine finnische Zeitung aus, in die ein Hering eingewickelt war. In der Zeitung gedruckt ein großes Bild von MRR, der vor Freude mit der Hand auf den Tisch schlägt. Derweil fährt draußen, mitten im Sommer, ein Elchschlitten vor, dahinter ein finnisches Polizeiauto mit finnischen Polizisten. Man ist der *ZDF*-Sendung *Verstehen Sie Spaß?* auf den Leim gegangen. »Hatte Reich geglaubt, in Finnland zu sein? Ich glaube nicht«, sagt Karasek, dem wir die Geschichte verdanken. »Aber dass er es gerne geglaubt hätte, als er sein Bild groß in der finnischen Zeitung sah, das glaube ich auch.«

Weltberühmt auch in den neuen Ländern

Nicht lange nach der Wiedervereinigung wurde das *Literarische Quartett* aus dem Rathaus in Leipzig übertragen. Nach der Sendung sollte für das Ehepaar Reich-Ranicki ein Taxi gerufen werden. Doch keine Droschke weit und breit. Der *ZDF*-Redakteur machte sich auf den Weg, fand schließlich eine Taxe, stieg ein und bat die Fahrerin, zum Haupteingang zu fahren, um dort noch zwei Fahrgäste aufzunehmen. In der Dunkelheit, kaum zu erkennen und nur schwach beleuchtet von einer Straßenlaterne, stehen Marcel und Tosia Reich-Ranicki. »Das ist doch der Ranicki!«, rief die Taxifahrerin freudig aus. In diesem Augenblick, so der *ZDF*-Redakteur Werner von Bergen später, sei ihm klar geworden, »dass MRR wirklich berühmt geworden war«.

Diese Geschichte spielt in Melbourne. Sie liegt mehr als dreißig Jahre zurück. Gerhard Schulz ist Zeuge, Germanistikprofessor und regelmäßiger Mitarbeiter des Literaturblatts. MRR war Gast des Goethe-Instituts und hatte gleichsam Anrecht auf die Begegnung mit Kängurus und Exemplaren eines wunderlichen Schnabeltiers namens Platypus. Er hat sie kennengelernt und sie ihn – und bei dieser Gelegenheit haben sie zum ersten Mal in ihrem Känguru-Leben Folgendes gehört: Böll, Lenz, Koeppen, Bachmann, Grass oder Thomas Mann, berichtet Schulz. Auch Namen wie Walser und Handke seien gefallen, und man habe beobachtet, dass dabei einige der älteren Tiere mit ihren großen dunklen Augen aufgesehen und die Köpfe geschüttelt hätten. »Man sage nicht«, so Schulz, »dass Kängurus keine feinfühligen Wesen seien und keinen guten Geschmack für Literatur, sogar deutsche, besäßen.« Woraus er im selben Atemzug und mit Seitenblick auf MRR folgerte: »Wo er ist, ist die deutsche Literatur.«

Peter Wapnewski war im *Literarischen Quartett* am 18. Februar 1991 zu Gast. Man wechselte von Nadine Gordimer über Harold Brodkey und David Grossman zu Bobbie Masons Geschichtenbuch *Liebes Leben*. Wapnewski zu MRR: »Sie haben vorhin gesagt, Kühe und Mäuse interessieren Sie nicht. Ich schwöre Ihnen, Kühe und Mäuse können interessanter sein als diese Figuren im T-Shirt bei Bobbie Mason.« Die Antwort: »Ich hab's bisher noch nicht erlebt mit Kühen. Mit Hunden hab ich's erfahren – bei Jack London. Sehr gute Hunde gibt es bei Jack London!«

Wo liegt Lissabon?

Im *Literarischen Quartett* sprach man am 14. August 1997 über den Roman *Das Handbuch der Inquisition* von António Lobo Antunes, »ein Buch von weltliterarischem Atem«, wie MRR behauptete. Frau Löffler widersprach: Lissabon sei, »so wie Lobo Antunes es darstellt, ziemlich exotisch«. MRR: »Lissabon gehört zu Europa, wenn ich mir die Bemerkung erlauben darf.« Wenn sie Antunes lese, so Löffler, zweifle sie daran. MRR: »Ah! Ich war in Lissabon, das macht auf mich einen sehr europäischen Eindruck.« Löffler hielt dagegen: »Lissabon, so wie Lobo Antunes es darstellt, liegt halb in Afrika und halb in Arabien.« MRR: »Na ja.«

Sturm über Berlin

Dem Schriftsteller Siegfried Lenz, einem der engsten Freunde von MRR, verdanken wir die Anekdote über den Schlechtwetterflug von Hamburg nach Berlin. MRR hatte sich mit Zeitungen eingedeckt und las – Kritiken über eine *Parsifal*-Aufführung. Das Flugzeug rollt zum Start. Der Aufforderung der Stewardess, den Sicherheitsgurt anzulegen, folgt er achselzuckend. Das leichte Vibrieren der Maschine vor dem Start quittiert MRR mit souveräner Achtlosigkeit, sieht nicht einmal aus dem Fenster. Lenz ist vernehmlich besorgt: »Es herrscht Sturm! Wir starten im Sturm!« MRR schaut ihn erstaunt an, und nach kurzem Bedenken antwortet er: »Auch wenn du es nicht glaubst, der Sturm geht vorüber, Wagner aber bleibt.«

Wagner-Dämmerung

Juli 1958, MRR und Walter Jens fuhren gemeinsam nach Bayreuth. *Parsifal*, erster Akt. MRR fragte Jens: »Lieben Sie Wagner so sehr, dass ich Sie verletze?« Keine Antwort. Nach einer Weile, noch behutsamer: »Beschädige ich etwas, was Ihnen wichtig ist?« Dann, so Jens, »brach es aus ihm heraus. Der erste Parsifal-Akt, das sei leider die Musik eines impotenten, alten Mannes. ›Er kriegt ihn nicht mehr hoch.‹«

Es war ein schwülheißer Tag in Salzburg, am 15. August 1993. Marcel Reich-Ranicki, Sigrid Löffler und Hellmuth Karasek saßen mit dem Gast Johannes Willms im Landesstudio des ORF zusammen, um im *Literarischen Quartett* live über Martin Walser und sein Buch *Ohne einander* zu debattieren. MRR stellte das Buch vor, man merkte ihm an, dass es ihm nicht gefallen hatte. Die vier, die in einem Foyer unter einer Glaskuppel saßen, schwitzten redlich. Ein Gewitter nahte, draußen grummelte es. MRR ließ sich von der Natur aber bei seiner Tirade gegen Walser nicht irritieren. Auch nicht, als ein gewaltiger Donnerschlag seine Worte für einen Augenblick übertönte. Noch in das Grollen hinein hob er die Arme gen Himmel und rief aus: »Also, man wird doch noch etwas gegen Walser sagen dürfen! Das ist ja unglaublich!«

Sind Schweinereien drin?

»Es gibt Bücher, die gerade durch die Verrisse sehr gut verkauft werden. Mir ist es passiert, dass ich vor zwanzig Jahren bei der *Zeit* ein Buch verrissen und als obszön bezeichnet habe. Ich habe zwei, drei pornografische Zitate gebracht. Die Leser haben sich überhaupt nicht darum gekümmert, dass mir das Buch missfallen hat. Die haben die Sauereien gelesen und haben sich gesagt: Oh, davon gibt's noch mehr in dem Buch, das Buch muss man kaufen.«

Sexualität in der Vorstadt

Am 10. Dezember 1990 war Monika Maron zu Gast im *Literarischen Quartett*. Die Sprache kam auf *Der Buddha aus der Vorstadt* von Hanif Kureishi. MRR gab zu bedenken: »Was ist das für eine Sexualität, die uns dargestellt wird? Es werden beinah nur physiologische Vorgänge beschrieben. Die sind allgemein bekannt, und deren Darstellung erfordert keine Kunst. Unter uns, ob ich schreibe, ›Ich stecke diesen Bleistift in meine Tasche‹ oder ›Mein Glied drang in ihre Scheide‹ ist literarisch genau dasselbe. Es kommt nicht darauf an, diese Vorgänge zu beschreiben, sondern es kommt darauf an zu zeigen, was Menschen dabei fühlen, spüren, denken. Da versagt er vollkommen.«

»Lieber, sind Schweinereien drin?«

Obligatorische Frage von MRR an den Redakteur, der den nächsten Fortsetzungsroman für das tägliche Feuilleton aussuchen sollte und ihm alle sechs bis acht Wochen geeignete Manuskripte vorschlagen musste.

Von den kleinen Unterschieden …

zwischen sogenannten Männer- und sogenannten Frauenbüchern wollte MRR keine Kenntnis nehmen: »Ich weigere mich, die Literatur nach den Geschlechtsteilen ihrer Autoren zu unterscheiden.«

Schließlich, so befand er an anderer Stelle, sei die Physiologie des Geschlechtsverkehrs für die Literatur selten ein abendfüllendes Thema: »Der Vorgang an sich ist nicht interessanter als Bleistift spitzen.«

»Man darf manchen deutschen Autoren nicht verübeln, dass sie Sexuelles in ihrem Werk aussparen – es genügt, sich das mögliche Ergebnis zu vergegenwärtigen, um ihnen für die Enthaltsamkeit eher dankbar zu sein. Aber es bleibt bedauerlich, dass dieser Fragenkomplex in der deutschen Gegenwartsliteratur nicht in dem ihm gebührenden Maße gezeigt wird. Freilich könnte man auf Wolfgang Koeppen und Arno Schmidt verweisen – nur handelt es sich dabei um Romane und Erzählungen, die fast alle vor mehr als einem Jahrzehnt entstanden sind. Auch Günter Grass muss hier genannt werden. Kein Zweifel, dass seine Bücher Szenen aus der Sexualsphäre enthalten, die mit großem Talent geschrieben sind. Grass' von einem Stich ins Pubertäre nie ganz freie Vorliebe für die Darstellung des Widerwärtigen und Abstoßenden hat es jedoch verursacht, dass in seiner Prosa das Geschlechtsleben als eine ziemlich ekelhafte, zumindest aber wenig attraktive Prozedur erscheint. Ein ähnliches, wenn auch nicht so aggressives und eindeutiges Verhältnis zum Sexuellen ist in manchen Kapiteln der *Halbzeit* von Martin Walser bemerkbar.

Fast könnte man annehmen, es sei die teuflische Absicht dieser Autoren, aus den Deutschen Homosexuelle zu machen, was logischerweise zum raschen Aussterben der Nation führen müsste und den beiden jungen Schriftstellern ohne Zweifel die Dankbarkeit eines nicht geringen Teils der

Menschheit sichern würde. Vorerst allerdings ist ein derartiger radikaler Einfluss auf die Lesermassen weder zu befürchten noch zu erhoffen.«

Die Kölner Schule onaniert

»Natürlich ist das nicht unwichtig mit diesem Onanieren. Sehen Sie, ich muss Sie darauf aufmerksam machen, dass ich der Entdecker einer gewissen Sache bin. Es gab in Deutschland in den sechziger Jahren die sogenannte Kölner Schule. Das waren meist bei Kiepenheuer & Witsch erscheinende Romane jüngerer Autoren – der längst nicht mehr lebende Rolf Dieter Brinkmann gehörte dazu, und Dieter Wellershoff war der Kopf dieser ganzen Sache – ich habe damals entdeckt und in der *Zeit* geschrieben, es ist beweisbar: Das Einzige, was diese Autoren miteinander verbindet, ist, dass alle in diesen Romanen onanieren.«

Orgasmus bei Damen

Im *Literarischen Quartett* am 18. Februar 1991 ließ sich MRR im Zusammenhang mit Harold Brodkeys Short Stories *Unschuld* – sie waren in den Vereinigten Staaten während der sechziger und siebziger Jahre erschienen – folgendermaßen vernehmen: »Das Problem des Orgasmus bei Damen ist immer noch sehr aktuell.«

Bleistift in der Tasche

Elfriede Jelineks Roman *Lust* bot MRR im *Literarischen Quartett* am 10. März 1989 Gelegenheit zu erhellender Klarstellung über das Entscheidende beim Sexualakt: »Das will ich Ihnen genau sagen, worauf es ankommt bei der Darstellung des Koitus, auf eine einzige Sache kommt es an, nicht auf die Beschreibung der physiologischen Prozesse, das kann jeder, es ist nicht schwerer zu beschreiben, ob ein Penis in die Vagina dringt oder ein Bleistift in die Tasche gesteckt wird, darauf kommt's überhaupt nicht an. Das kann jeder beschreiben.« Karasek und Löffler signalisieren Neugier. MRR: »Es kommt darauf an, zu zeigen – was außerordentlich schwierig ist –, was die Frau oder der Mann oder gar beide während dieser Sachen empfinden. Das ist ungeheuer schwierig.«

Im *Literarischen Quartett* am 22. Februar 1996 stand unter anderem der Roman *Brasilien* von John Updike auf der Tagesordnung. Hauptmotiv darin sei ein Wort, sagte MRR, mehr als vielsagende Andeutung. Karasek flehte ihn fast an: »Bitte nicht.« Auch Löffler votierte: »Nein.« Karasek drängte: »Bitte. Bitte nicht.« Darauf MRR: »Kinder, was soll diese Prüderie? Es gibt Kapitel, wo man unentwegt lesen muss …« Karasek unterbrach: »Bitte nicht!« MRR fuhr fort: »Wir werden ficken …« Karasek drängender: »Nein!« MRR wieder: »… wir haben gefickt, wir wollen ficken, wir wollen noch mal ficken.« Karasek fast resigniert: »Ich wusste es. Ich wusste es.« Peter Glotz wandte ein: »Die Herrschaften übertreiben.« Karasek beharrte darauf: »Nein, überhaupt nicht.« Löffler, offenbar ebenfalls resigniert: »Ich dachte, wir kommen ohne dieses Wort aus.« MRR: »Das ist alles, mehr hat Updike nicht zu bieten. Manchmal kommt ›vögeln‹, das ist eine Abwechslung, und das sieht man dann mit Freude.«

Einen Gastauftritt im *Literarischen Quartett* hatte auch Iris Radisch, die Literaturchefin der *Zeit*, anno 1992. Aufregend sei das gewesen, erinnert sie sich. Schließlich waren, »von Chefsessel zu Chefsessel«, solch gewichtige Themen zu besprechen wie »Was halten Sie von Thomas Mann?« oder »Haben Sie mit Reinhard Baumgart geschlafen?«. Die Karriereaussichten der jungen Kollegin fanden am Ende aber noch genügend Erwähnung, so scheint es. Seine Voraussage konnte sie offenbar noch lange Zeit danach wörtlich zitieren: »Sie bekommen bald ein paar Kinder, und dann wird Schluss sein.«

Zu einem Eklat kam es im *Literarischen Quartett* am 30. Juni 2000 in der Debatte über den Roman *Gefährliche Geliebte* des japanischen Autors Haruki Murakami. Sigrid Löffler plädierte für »Platzverweis« und kritisierte die ordinäre Bildsprache des Autors. Sie nahm Anstoß an Formulierungen wie »bis zur Hirnerweichung vögeln«. MRR sprach dem Buch eine »ungewöhnliche Zartheit« zu und Sigrid Löffler die Fähigkeit ab, Liebesromane überhaupt beurteilen zu können: Sie sei »blind und taub« gegenüber erotischen Qualitäten. Löffler keilte zurück: Er könne sich ja ergötzen, woran er wolle, und sei es an der »erotischen Alterssprache des Autors«. Wenige Tage danach teilte Sigrid Löffler Dieter Stolte, dem Intendanten des *ZDF*, ihre Kündigung mit. Der versuchte zu retten, was zu retten war, und lud alle Beteiligten zu einem Versöhnungsgespräch: MRR zeigte sich kompromissbereit (eine Entschuldigung schien denkbar), aber Sigrid Löffler blieb stur, sie wollte den Ausstieg aus der Sendung.

Wer ist Hölzenbein?

»Freundlich und angenehm war mein erster Tag in der Redaktion der *Frankfurter Allgemeinen* durchaus nicht. Beinahe alle Redakteure und Sekretärinnen des Feuilletons gaben sich nicht die geringste Mühe, vor mir zu verbergen, dass ich unwillkommen sei. Das mir zugeteilte Zimmer war verwahrlost, das Mobiliar in einem erbärmlichen Zustand. Hatte man das zu meiner Begrüßung arrangiert? Aber das alles überraschte mich nicht sonderlich, es entmutigte mich überhaupt nicht, es störte mich kaum: Der offensichtliche Widerstand spornte mich erst recht an. Meine Laune war gut, und sie wurde auch noch von Tag zu Tag besser.

Sofort begann ich, intensiv zu arbeiten: Briefe zu diktieren, Manuskripte zu redigieren und vor allem zu telefonieren – zunächst mit den wenigen Mitarbeitern, die ich weiterhin beschäftigen wollte. Der erste, den ich anrief, war Günter Blöcker. Und ich telefonierte mit Schriftstellern und Kritikern, die ich als Mitarbeiter zu gewinnen hoffte. Was ich schon vorher gewusst hatte, bestätigte mir die Lektüre der übrigens nicht zahlreichen Manuskripte, die mein Vorgänger mir hinterlassen hatte: Die meisten waren umständlich und langatmig geschrieben, sie stammten zum großen Teil von Rezensenten, denen allem Anschein nach nicht das Mindeste daran gelegen war, von den Lesern verstanden zu werden.«

MRR war noch ganz neu in der *FAZ*, kannte noch nicht alle Kolleginnen aus anderen Stockwerken, war aber neugierig auf jedes neue Gesicht. Im Fall einer jungen Redakteurin aus dem Sport-Ressort sah er zunächst nur das Hinterteil – und war umso neugieriger. Also klopfte er ihr unversehens mit der flachen Hand auf den Po und fragte: »Na, Mädchen, wo gehörst du denn hin?«

Eine der allwöchentlichen Redaktionskonferenzen im Feuilleton der *FAZ*, üblicherweise montags am späten Nachmittag. Da der Herausgeber, damals Joachim Fest, auf sich warten ließ, ging das Gespräch lang und breit und bisweilen auch heftig über das Spiel der Frankfurter Eintracht am Wochenende zuvor. Der Name Hölzenbein fiel einmal, zweimal, dreimal. MRR, der bis dahin teilnahmslos geschwiegen hatte, merkte auf. Vom Fußball verstand er nichts, da konnte er nicht mitreden und schwieg lieber, rutschte im Sessel hin und her und blickte demonstrativ finster wie immer, wenn die Unterhaltung an ihm vorbeilief und er keine Gelegenheit sah, sich einzumischen oder ihr womöglich eine andere Richtung zu geben. Als der Name Hölzenbein zum dritten Mal gefallen war, grummelte er lautstark aus der Tiefe seines Polsters: »Hölzenbein? Wer ist dieser Hölzenbein? Der Mann ist mir total unbekannt!« Der Filmkritiker Michael Schwarze wandte sich ihm kurz zu und bemerkte ziemlich beiläufig, aber nicht unfreundlich: »Der kennt Sie auch nicht!«

In der *Zeit* am 14. Februar 1964 über »Sport und Literatur«: »Der Sport und die Literatur sind nahe Verwandte, die sich zu sehr ähneln, um sich aufrichtig lieben zu können. Vielmehr wetteifern sie miteinander und bekämpfen sich insgeheim. Es sind im Grunde feindliche Brüder. Denn die Literatur und der Sport appellieren auf verschiedenen Ebenen und mit unterschiedlichen Mitteln an dieselben fundamentalen Gefühle. Viele große Motive, mit denen sich die Literatur seit Jahrhunderten befasst – Heldentum, Leidenschaft, Solidarität, Neid, Ruhmsucht – dominieren auch in den Sportwettkämpfen, nur sind sie hier ungleich einfacher, primitiver, oberflächlicher, direkter. Viele Elemente, die die Literatur dem Leser zu bieten hat oder jedenfalls bieten möchte, kann man im Stadion finden – ohne Verschlüsselung, ohne Intellekt, ganz und gar unkompliziert. Kein Drama der Welt kann so übersichtlich sein wie ein Fußballspiel. Nichts zeigt die Brutalität des Lebens deutlicher als ein Boxkampf. Und ist nicht ein Langstreckenlauf zugleich eine Parabel vom Kampf ums Dasein? Und wo ließe sich die Vergänglichkeit des Ruhmes besser beobachten als in der Arena?«

Große Redaktionskonferenz in der *FAZ*. Eine Pflichtveranstaltung, bei der viele Jahre lang reihum Protokoll geführt werden musste. An dieser Konferenz nahmen, dienstags am späten Vormittag, anfangs allwöchentlich, später nur mehr vierzehntägig, sämtliche Redakteure teil. Es ging diesmal um die politischen Zustände in Polen nach Verhängung des Kriegsrechts am 13. Dezember 1981 durch Ministerpräsident Jaruzelski, der als Satrap der UdSSR galt. Heftig und kontrovers debattiert wurde über die Frage, »ob der Russe einmarschiert oder nicht«. Unruhe entstand, als MRR schließlich eine Wette anbot und erklärte, »selbstverständlich« werde der Russe nicht einmarschieren – denn »er ist doch längst drin«. Abermals lautstarker Widerspruch. Darauf MRR: »War einer der Kollegen schon mal Mitglied einer Kommunistischen Partei?« Verstörtes Schweigen. MRR: »Aber ich!«

Anfang Dezember 1960 hatte das PEN-Zentrum Ost und West in Hamburg seine Generalversammlung abgehalten, im Juni 1961 hatte man sich nach einigen Querelen ein zweites Mal getroffen, diesmal auf Einladung des Verlegers Gerd Bucerius. Die Debatten verliefen zunächst mit deutlichem Punktgewinn der Mannschaft aus dem Osten. Da trat, so berichtet Dieter E. Zimmer, damals junger Redakteur der *Zeit*, MRR ans Rednerpult. »Er drehte den Spieß rücksichtslos um.« Genüsslich zitiert Zimmer ihn Wort für Wort: »Hier ist die Frage gestellt worden: Muss der Schriftsteller gegen die Gesellschaft sein? Hans Mayer antwortet: Nein, es gibt bestimmte Epochen, bestimmte Gesellschaften, wo eine derartige Notwendigkeit nicht besteht. Ich will mich nicht in eine Diskussion über diese These einlassen. Hingegen sollten wir doch wohl die Frage stellen: Kann ein Schriftsteller die Gesellschaft, wie sie heute in der Deutschen Demokratischen Republik besteht, eindeutig befürworten? ... Ich glaube, dass es am bequemsten wäre, wenn wir mithilfe der PEN-Charta einige kurze Erwägungen anstellten. Literatur, heißt es im ersten Punkt, soll in allen Situationen als eine in allen Nationen gemeinsame Währung behalten werden. Ich bezweifle, dass dies in der Deutschen Demokratischen Republik der Fall ist. Ich glaube, dass die Weltliteratur des zwanzigsten Jahrhunderts in der Deutschen Demokratischen Republik praktisch unterdrückt, ignoriert, teilweise bekämpft, teilweise totgeschwiegen wird …« Sofort, fährt Zimmer fort, »war ›der Osten‹ in der Defensive«. MRR, so Zimmers Schlussapotheose, »hat mir eigenhändig ›den Westen‹ gerettet«.

Beiseite gesprochen

MRR im gewohnheitsmäßig geführten Selbstgespräch auf dem Flur über einen Herausgeber der *FAZ*, mit dem es in der eine Minute zuvor zu Ende gegangenen großen Konferenz eine partout nicht beizulegende Meinungsverschiedenheit gegeben hatte: »Ganz schwacher Gegner.«

Natürlich muss jede gut sortierte Redaktion Nachrufe bereithalten – für den Fall plötzlichen und unerwarteten Ablebens. Damit wurden gern Schriftsteller beauftragt, auch Lektoren, manchmal sogar in Ausnahmefällen Verleger. Die kennen sich aus in der Szene, sind oft miteinander befreundet und – de mortuis nihil nisi bene – gern bereit, würdige Abschiedsworte zu formulieren. Das ist bei echten Freunden allerdings ein Problem. Dem lieben Toten mag man durchaus etwas nachrufen – aber doch nicht zu Lebzeiten, gewissermaßen auf Verdacht und Widerruf. MRR schlug in solchen Fällen seinen Redakteuren gern vor, um »ein Porträt aus gegebenem Anlass« zu bitten, im Vorgriff auf den nächsten runden Geburtstag zum Beispiel: »Erlebt er den Fünfundsiebzigsten oder Achtzigsten, wird er sich freuen. Sonst freut sich die Nachwelt.«

Es gab eine Reihe ständiger Mitarbeiter, die – auch auf Vorrat – Nachrufe für das Literaturblatt der *FAZ* schrieben. Einer von ihnen, der Schriftsteller Hans J. Fröhlich, starb am 22. November 1986 an den Folgen eines Herzinfarkts. Zwei oder drei Nachrufe aus seiner Feder lagen in der Redaktion, waren längst gesetzt und hingen auf Druckfahnen am Haken über dem Schreibtisch des zuständigen Redakteurs, um bei passender Gelegenheit gedruckt zu werden. Was aber tun mit diesen Stücken, wenn der Autor des Nachrufs doch längst gestorben war? Auf keinen Fall wegschmeißen, entschied MRR: »Die drucken wir mit dem Hinweis, ein Porträt des soeben überraschend gestorbenen Autors habe sich noch in Fröhlichs Nachlass gefunden. Wir drucken es als letzten Gruß an beide.«

MRR entschied zwischen Tür und Angel, wie mit dem Tod (am 17. Dezember 1981) des Nazi-Schriftstellers Edwin Erich Dwinger in der Zeitung umzugehen sei: »Den machen wir halbfett.« Am nächsten Tag erschien im Feuilleton eine lakonische Drei-Zeilen-Notiz mit dem für die sogenannten »Kleinen Meldungen« üblichen halbfetten Anlauf.

»In aller Stille«

Nicht alle Schriftsteller bekamen nach ihrem Tod einen Nachruf im Feuilleton der *FAZ*. Richtschnur bei Autoren, an deren Namen MRR keine Erinnerung hatte, war das überaus verlässliche Archiv der Zeitung. Wenn über den Betreffenden vorher noch nie eine Zeile im Blatt gestanden hatte, entschied MRR mal lächelnd, mal mit hochgezogenen Augenbrauen: »Den beerdigen wir in aller Stille.«

Gedicht in Steißlage

»In Amerika gab es mal – das ist furchtbar lange her – eine Schriftstellerin namens Harriet Beecher-Stowe. Sie hat ein Buch geschrieben: ›Onkel Toms Hütte‹. Und sie hat gesagt, als sie das Buch schrieb, habe Gott ihr die Feder geführt. Das halte ich für Blasphemie, denn sie machte Gott für die ganzen Sentimentalitäten und all den Kitsch verantwortlich, den sie ziemlich stark lieferte.«

Über den Abdruck von Gedichten teils noch unbekannter Autoren auf der ersten Feuilletonseite entschieden die Mitglieder der Literaturredaktion in kleinen Konferenzen im Dienstzimmer von MRR. Die einfache Mehrheit genügte für Annahme oder Ablehnung. »Blindverkostungen«, also Urteile über den Text ohne Kenntnis von dessen Verfasser, waren verpönt, lieber ließ MRR sich, wenn er bei Laune war, darauf ein, dem heftigen Votum eines Redakteurs nachzugeben. Dann galt die Emphase als Argument. So im Falle eines Lyrikers, der regelmäßig Texte anbot und ein paarmal tatsächlich berücksichtigt worden war. Als lange Zeit nichts mehr von ihm im Blatt erschien, verdoppelte er seinen Ausstoß und meldete sich wiederholt telefonisch, meistens bei demselben Redakteur, der sich mit ihm auf halbstundenlange Gespräche einließ – und dann durchaus mit Verve eines der Gedichte zum Abdruck empfahl. Er hatte herausgefunden, dass der Lyriker im Hauptberuf Gynäkologe war und nicht bloß über Reim und Rhythmus gern und verständig plaudern wollte, sondern auch über Fragen der Geburtshilfe. Die trieben den besagten Redakteur besonders um, da er und seine Frau sich über eine Steißlage seiner Erstgeborenen sorgten. Das Kind kam mit Kaiserschnitt zur Welt und für sechs Wochen in einen Brutkasten. MRR, auf seine Weise durchaus Anteil nehmend, erbat von dem Kindsvater und Kollegen jeden Abend präzise Auskünfte über Wachstum und Gewichtszunahme des Säuglings: »Zwanzig Gramm? Fabelhaft!« Von der Geburt und den Anstrengungen, welche die Niederkunft vor allem ihm gemacht habe, erzählte MRR gern – ganz so, als sei er leibhaftig dabei gewesen. Vielleicht darum verkündete er, nachdem Mutter und Kind wohlauf waren, in einer der nachfolgenden Ressortkonferenzen: »Gynäkologen sind sehr nützliche Leute. Aber von dieser Berufsgruppe bis zum Jahresende keine Gedichte mehr!«

Stillschweigen

Nach einigen Jahren ohne Kinder wurde die Frau des Literaturredakteurs Franz Josef Görtz schwanger. Wie das auf einmal, nach langer Zeit? So wollten die Kollegen im Feuilleton der *FAZ* vom Literaturchef wissen. Für die Antwort legte er den Zeigefinger vor den Mund: »Darüber haben seine Frau und ich absolutes Stillschweigen vereinbart.«

Am zweiten Weihnachtstag des Jahres 1985, erzählt Volker Hage, ehemals Redakteur im Literaturblatt der *FAZ*, war er zusammen mit seiner Frau und der drei Monate alten Tochter Laura beim Ehepaar Reich-Ranicki zum Gansessen eingeladen. Laura, in der Tragetasche, durfte in einem Nebenzimmer weiterschlafen. Ein angenehmes, nicht ein einziges Mal von Kindergeschrei unterbrochenes Essen nahm seinen Lauf und eine vergnügliche, natürlich vom Hausherrn dominierte Plauderei. MRR abschließend: »Es hätte ein wirklich netter Abend werden können, wenn ich wenigstens etwas mehr zu Wort gekommen wäre!« Er verabschiedete die Gäste am Fahrstuhl, rief ihnen aber wenige Augenblicke später hinterher: »Es ist unglaublich! Sie haben Ihr Kind vergessen!« Eine jener Legenden, die Reich-Ranicki so liebt. Sagte Hage, der am nächsten Vormittag in der Redaktion sofort mit der Geschichte konfrontiert wurde – oder jedenfalls mit der von MRR auch lange danach noch kolportierten Version.

MRR im *Literarischen Quartett* am 23. April 1999: »Ich will hier nur am Rande etwas sagen, was ich für ganz interessant halte: Seit wir dieses *Quartett* machen, ist das Fernsehen unfähig, eine Uhr hinzustellen, die mich informiert, was los ist. Auf dieser Uhr steht jetzt neunzig Minuten. Weder haben wir neunzig Minuten geredet, noch haben wir neunzig Minuten vor uns. Es stimmt nicht. Ach Gott, man muss sich auf die Armbanduhr verlassen.«

Vor den Diskutanten des *Literarischen Quartetts* stand auf dem Boden eine Digitaluhr, auf der die Sendezeit ablief, berichtet Hellmuth Karasek. MRR war der Herr der Zeit, der seinen ganzen Stolz und Ehrgeiz dareinsetzte, die Sendung auf die Minute zu beenden – genau. Wenn er mit (unhörbarem) Gongschlag sagte: »Den Vorhang zu und so weiter.« Deshalb fuhr er bei jedem Buch, wenn dessen Zeit vorbei war (fünf Bücher in neunzig Minuten), seinen Mitdiskutanten mit einem schwertstreichartigen »Freunde, wir müssen zum nächsten Buch!« ins Wort und in die Parade.

Einmal, vor Jahren in Wien, bekam MRR einen Wutausbruch, weil die Uhr raufzählte (sie zeigte gegen Ende 80 statt 10 Minuten an) und ihn das in der Rage des Wortgefechts verwirrte. »Kann man denn in Österreich keine richtig gehende Uhr bekommen?«, fragte er laut und böse und live. Da die Kameras bei der Sendung keine toten Winkel haben, krochen daraufhin Techniker auf dem Boden im Rosensaal von Schloss Schönbrunn – sie sahen aus wie Infanteristen, die sich aus ihren Schützengräben der Uhr durch die Zuschauerreihen wie dem Feind durchs Minenfeld entgegenrobbten. Sie wollten unsichtbar die vermeintlich falsch gehende Digitaluhr reparieren.

Im Münchner Literaturhaus spielte tatsächlich die Uhr verrückt, nach der Reich-Ranicki sich richtete. Sie zeigte, in roten Ziffern, auf einmal noch 80.98 Minuten. Das war Nonsens, ob die Uhr nun rauf- oder runterzählte. Normalerweise zählte sie runter, begann also mit 90.00 und endete mit 00.00. MRR sah die Uhr und fragte laut und wütend, ob er denn wieder mit der Armbanduhr arbeiten müsse, was schon deshalb schwierig war, weil sich der Sendebeginn wegen eines Kosovo-*Brennpunkts* um einige Minuten verspätet hatte. »In aller Eile kritzelten die Techniker etwas auf ein Pappschild, das sie uns entgegenstreckten«, erinnerte sich Hellmuth Karasek: Da stand, dick und klobig, gut sichtbar in unbeholfenen Großbuchstaben »NOCH«. Und darunter klein und kaum lesbar, in dünnen Buchstaben gekritzelt: »10 Minuten.« – »Noch, noch!« rief MRR, »was heißt hier noch, noch? Man kann nichts erkennen! Noch was? Noch wie viel?« Der Saal reagierte fröhlich, es war etwas passiert, etwas Unvorhergesehenes. Karasek fiel ein Graf-Bobby-Witz ein. Fragt Graf Bobby seinen Freund Freddy: »Wie spät ist es?« Der antwortet: »In zehn Minuten zwölf.« Darauf Bobby: »Ja, in zehn Minuten! Aber jetzt?«

Fabelhaft formuliert! Aber falsch!

Ein sonniger Samstag im Frankfurter Nordend. Eine Begegnung zwischen dem Ehepaar Reich-Ranicki und der Schriftstellerin Eva Demski. Die Damen unterhalten sich, MRR schaut derweil gelangweilt ins Schaufenster einer Apotheke. Der Apotheker, ein naturverbundener Mensch, unterrichtet seine Kunden auf einer Schautafel über bedrohte Tierarten. Originalton MRR: »Sieh mal, Tosia, eine Würfelnatter. Sie sagt, sie stirbt aus! Na und? Ich habe noch nie eine Würfelnatter gebraucht!«

Als angemessener Platz für sein Dienstauto war MRR die erste Parkbucht auf dem sogenannten Freigelände in der Hellerhofstraße zugewiesen worden. Wer sein Fahrzeug auf dem Freigelände abstellte, sah MRR oft an der firmeneigenen Zapfsäule seinen Mercedes betanken, danach den Parkplatz ansteuern, umsichtig rangieren und behutsam vom Fahrersitz klettern, dann die Aktentasche vom Rücksitz nehmen und gemessenen Schrittes die Straße überqueren. Einmal brauchte er dazu deutlich mehr Zeit als sonst, bewegte sich betont langsam, wandte den Kopf demonstrativ langsam in alle Richtungen. Das linke Ohr war unter einem mächtigen, an den Rändern blutgetränkten und erkennbar unfachmännisch angelegten Mullverband versteckt. Natürlich wurde spätestens im Aufzug gefragt, was geschehen sei, so früh am Morgen. Statt einer präzisen Auskunft anhaltendes Stöhnen und Jammern bis in die Redaktionsräume im siebten Stock, wo MRR sich ermattet in seinen Sessel fallen ließ, die Tür aber hinter sich nicht schloss. Nach einer Weile leisen Stöhnens und Jammerns dann der zaghafte, als Frage formulierte Ruf nach Monika und Brunhilde, seinen Sekretärinnen. Der Schmerz sei auszuhalten, »aber dieser Blutverlust!«. Vermutete er klagend, weil doch nichts zu sehen war außer Mullbinde und Heftpflaster. Er drehte den Kopf millimeterweise, die Augen schreckensweit geöffnet. Die Sekretärinnen rieten, einen Arzt zu konsultieren, telefonierten eine Weile, vereinbarten – für den Fall, dass auf der Stelle chirurgisch gehandelt werden müsste – einen Besuch in der Praxis eines Notfallarztes in der Nachbarschaft, und Brunhilde machte sich mit MRR auf den Weg. Keine Stunde verging bis zu ihrer Rückkehr. MRR nun nicht mehr gebeugt, sondern erhobenen Hauptes, das linke Ohr unauffällig bepflastert. Die engsten Mitarbeiter erfuhren es als Erste: MRR hatte vor der Fahrt ins Büro seine Friseurin aufgesucht, und die hatte ihn, da er den Kopf nicht ruhig zu halten vermochte, unversehens ins Ohrläppchen geschnitten.

»Der liebt über seine Verhältnisse.«

Über einen jungen Feuilletonredakteur, der chancenlos, aber offenkundig unbelehrbar in eine hübsche Kollegin vernarrt war und unaufhörlich zum Verdruss aller seinen einschlägig verwirrten Seelenzustand nach außen zu kehren suchte.

Ein junger Mann, der sich in den späten Siebzigern um eine Redakteursstelle bewarb und natürlich, aber immerhin zehn Jahre nach 1968, über seine politischen Aktivitäten während der Studentenzeit Auskunft geben sollte, bekam zu hören: »Wollen Sie die Welt verbessern? Lassen Sie das lieber – einer meiner Vorfahren hat's versucht, den haben sie ans Kreuz genagelt.«

Gegen »linke Eiferer« in der Nachfolge der Achtundsechziger-Generation polemisierte MRR in der *Zeit* vom 13. November 1973: »Wichtigtuer und Nichtskönner, die sich natürlich fortwährend auf Marx und Lenin berufen, und verwöhnte und gelangweilte Sprösslinge der Wohlstandsgesellschaft, die sich den Kommunismus und womöglich die Weltrevolution als pikante Freizeitbeschäftigung auserwählt haben, als Hobby mit geringem Risiko, wollen Kunst und Literatur lediglich dann gelten lassen, wenn sie sogleich und unmittelbar zur angestrebten Weltveränderung beitragen können.

Sie fühlen sich sehr fortschrittlich und überaus rebellisch und ahnen nicht einmal, dass die Hoffnungen, die sie mit einer für den politischen Kampf schnell umfunktionierten Literatur verbinden, weltfremd und übrigens antimarxistisch sind und von einer rührenden Naivität zeugen: Sie repetieren urdeutsche und sehr bürgerliche Romantizismen. Statt der imprägnierten Windjacken von vorgestern mögen sie flotte und fesche Lederjacken tragen; aber das jetzt moderne Kostüm kann über die anachronistische Wandervogel-Mentalität der Pseudorebellen nicht hinwegtäuschen.«

Es war im Juni 1999 auf dem Mainzer Lerchenberg, berichtet Markus Schächter, der Intendant des *ZDF*. MRR beim Rotwein im Gespräch mit dem polnischen Schriftsteller Andrzej Szczypiorski über die Wohlstandsgesellschaft, verbindliche Werte, Gott und die Welt. Die Welt der Werte, in der er groß geworden sei, habe man einfach umgebracht, sagte Szczypiorski, und er fürchte, »dass ich auch Anteil habe an diesem Mord«. Darauf MRR: »Fabelhaft formuliert! Aber falsch! Und besonders schlimm, weil Sie so brillant formulieren, dass manche Leute am Ende glauben könnten, Sie hätten recht!«

Über die großen Themen der Zeit und die Weigerung vieler Autoren, sich ihrer anzunehmen, ließ sich MRR in der *Frankfurter Allgemeinen Zeitung* vom 18. Oktober 1975 so vernehmen: »Eine pharmazeutische Erfindung hat das Zusammenleben der Geschlechter auf ungeahnte Weise revolutioniert: die Pille. Die Diskussion zur Reform des Paragrafen 218 spaltet die Nation. Der Radikalenbeschluss und seine Folgen beschäftigen Hunderttausende. Der Terrorismus fordert ebenso die Gesellschaft wie das Individuum heraus. Das sind Fragen, die uns alle nun schon seit Jahren bedrängen. Wo ist ihr Echo in der deutschen Literatur? Gewiss, wenn wir lange suchen, werden wir auf diese oder jene kleine Arbeit verweisen können. Aber insgesamt ist das Echo so dürftig und kümmerlich, als lebten unsere Erzähler oder Dramatiker auf einem anderen Planeten. Sie weigern sich, die Herausforderungen unserer Epoche anzunehmen.
Natürlich geht es nicht darum, etwa Säumige zur Pflichterfüllung zu ermahnen. Das wäre absurd. Denn kein Schriftsteller ist verpflichtet, sich bestimmten Themen anzunehmen. Aber die deutsche Literatur unserer Zeit ist es. Jeder einzelne Autor hat das Recht, gerade die zentralen Fragen zu ignorieren. Die Literatur der Gegenwart hat dieses Recht nicht. Sie liefe sonst Gefahr, selbst ignoriert zu werden – von jenen nämlich, für die sie bestimmt ist: von den Lesern.«

Lektüre für die Toskana

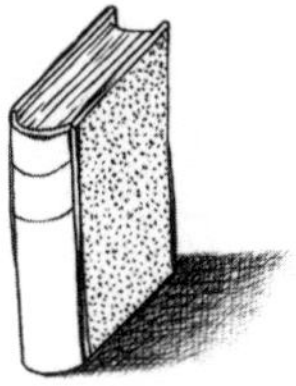

Über die Neigung vieler Verleger, lieber Romane als Sammlungen von Erzählungen oder Kurzgeschichten zu drucken, schrieb MRR in der *FAZ* vom 17. September 1977 unter anderem: »Von Geschichtenbänden wollen unsere Verleger in der Regel nichts wissen. Erhalten sie ein gutes Manuskript mit mehreren Erzählungen, dann fragen sie, wenn es sich nicht gerade um einen der wenigen prominenten Autoren handelt, ganz treuherzig, ob es nicht möglich sei, diese Erzählung mit einer Rahmenhandlung oder wenigstens mit einem entsprechenden Vorspruch zu versehen, um das Buch einen ›Roman‹ nennen zu können. Erst bei einem Umfang von mehr als hundert Maschinenseiten atmen die Verleger ein wenig auf. Denn aus einer Erzählung in dieser Länge machen sie mit Hilfe harmloser Setzerkunststücke einen Zweihundert-Seiten-Band; auf der Titelseite heißt es natürlich ›Roman‹. So paradox es auch scheinen mag: Gerade in unserer Epoche, in der man gern und viel vom Tod des Romans spricht, ist diese Gattungsbezeichnung zum Reizwort von offenbar außergewöhnlicher Attraktivität avanciert. Kein Autor, kein Verleger kann es sich leisten, auf dieses Reizwort zu verzichten.«

»Ich bin seit dreißig Jahren daran gewöhnt, dass die Verleger ihre Neuerscheinungen zur Zeit der Messe als geniale Werke verkaufen. Der Suhrkamp-Chef Unseld ist der größte Meister auf diesem Gebiet. Der sagt bei jedem Buch: ›Unter uns, vertraulich, es ist eines der größten Bücher unseres Jahrhunderts.‹ Ja! Und wenn man sagt, ich hab es schon gelesen, es taugt nichts, dann sagt er, na gut, dann gehen wir zum nächsten Thema über. Ein praktischer, realer Mann.«

Welches deutsche Verlagsoberhaupt an anderer Stelle gemeint war, als MRR sich über den Personenkult um einen von Unselds Kollegen ausließ, der namentlich nicht genannt sein wollte, hat sich nicht feststellen lassen. Originalton Reich-Ranicki: »Die große Verlegerpersönlichkeit ist auch so eine deutsche Erfindung.«

MRR in einem Interview mit dem *Spiegel*, 1993: »Sie meinen vielleicht, diese Verleger hätten das Bedürfnis, der Nation meine Biografie zugänglich zu machen. Nein, dahinter verbirgt sich das dringende Bedürfnis der Verleger, Geld zu verdienen.«

Es war am 25. April 2001, an jenem Tag, an dem die Memoiren von MRR in London erschienen, berichtet der Verleger George Lord Weidenfeld. Im Zimmer neben Weidenfelds Büro habe MRR ein paar Exemplare seines Buchs für die von ihm so beeindruckten Lektoren signiert, als »eine junoeske Erscheinung mit flammend roten Haaren an seinem Schreibtisch vorbei ins Zimmer trat und ausrief: ›Wer ist der Herr im Nebenzimmer? Er sieht so würdig aus?‹« Das sei ein berühmter deutscher Autor, wurde ihr geantwortet, er gelte als der Kaiser der Literaturkritik im Fernsehen. Dann könne er also auch für sie wichtig sein, wenn sie ihr neues Buch veröffentlichte, sagte die Dame und nahm sich ein Exemplar der Memoiren vom Stapel. Wer »diese Walküre« gewesen sei, fragte am selben Abend bei einem Essen zu seinen Ehren MRR und erfuhr: Es war Fergie, die Herzogin von York. Zwei Tage später, so Lord Weidenfeld, habe »die schillernde ehemalige Schwiegertochter der Queen« ihn angerufen und erklärt: »Ich liebe die ersten zwei Kapitel und nehme mir das Buch als Lektüre für ein Wochenende in der Toskana mit.«

Im *Literarischen Quartett* am 30. September 1998: »Sie sagen, Herr Karasek, ich wüsste genau, was ein Roman sei. Das weiß ich, das habe ich gelernt bei E. M. Forster: Ein Roman ist ein erzählendes Werk im Umfang von über zweihundert Seiten. Schluss. Das ist die bedeutendste Definition der Romanform, die ich kenne. Und alles andere im Roman bestimmt der, der ihn schreibt. Ich glaube nicht an die reale Welt, die hier bei Walser vorgestellt wird. Es ist überhaupt keine Welt da. Es sind Details, Nuancen. Aber aus all den Nuancen ist nichts zusammengefügt. Wie heißt das? Lego heißt das, dieses Spielzeug. Das sind so einzelne Bausteine.«

MRR glücklich im Kino

»Ich will nicht verheimlichen, dass mich in meinem ganzen Leben wahrscheinlich kein Romancier so beeindruckt hat wie Dostojewski. Wie tief er mich berührt hat, habe ich an einer Sache gemerkt: Ich habe mal einen amerikanischen Film gesehen, *Die Brüder Karamasow* mit Maria Schell und Yul Brunner. Der Film ist abscheulich, der letzte Dreck. Ich saß zwei Stunden im Kino und war glücklich. Denn der Dostojewski ist so stark, dass er jeden Kitsch durchbricht.«

Im *Literarischen Quartett* am 26. Mai 1994 kam die Rede auf Andrej Bitows Roman *Mensch in Landschaft*. Frau Löffler brachte ihn prägnant und kurzerhand auf die Formel »Fasel und Gefusel«. Auf die Bemerkung von MRR, Bitow sei immerhin Präsident des PEN-Zentrums in Russland, wandte Löffler ein, das spreche nicht gegen ihn. MRR wetterte dagegen: »Doch, das spricht gegen ihn! Jetzt will ich Ihnen mal was sagen! Einer, der schreiben kann, hat für so was keine Zeit. Sitzungen und Versammlungen organisieren, können Sie sich vorstellen, Thomas Mann oder Kafka oder Musil hätten sich mit so was beschäftigt?«

Das *Literarische Quartett* vom 10. Dezember 1990 befasste sich mit den Romanen *Die Unsterblichkeit* von Milan Kundera, *Der Buddha aus der Vorstadt* von Hanif Kureishi und *Der Kinoerzähler* von Gert Hofmann. Die kürzeste Debatte überhaupt ging über Hofmanns Buch. Karasek eröffnete sie mit der Bemerkung, MRR wolle »immer bei Seite sechzig aufhören. Für Sie müssten alle Bücher nur bis Seite sechzig geschrieben werden.« Die als Gast eingeladene Monika Maron ergänzte: »Ich frage mich manchmal, warum Kritiker so übers Maß hinausschießen, warum sie oft die Autoren so unmäßig verprügeln. Und dann hab ich gedacht, das muss so kommen. Man liest bis Seite hundert neugierig, dann guckt man, wie lang ist das Buch überhaupt. Bei Seite zweihundert kann man die Autoren nicht mehr leiden, bei Seite dreihundert fängt man an, sie zu hassen, bei Seite vierhundert möchte man sie erschlagen. Und da fängt man an, die Rezension zu schreiben.« Das Schlusswort von MRR: »Frau Maron, Sie haben noch nie so recht gehabt.«

Hase, frauenfeindlich

Über Nadine Gordimers Roman *Die Geschichte meines Sohnes*: »Nach dreißig Seiten weiß man, wie der Hase läuft. Immerzu dieser Widerstand – wo viel Widerstand ist in der Literatur, da ist wenig Kunst. Aber ihre Bücher sind künstlerisch so schwach, dass ich wetten möchte, sie kriegt den Nobelpreis. Zumal sie auch noch weiblichen Geschlechts ist.« Auf Löfflers Einwand, das sei frauenfeindlich, fuhr MRR fort: »Das ist doch nicht frauenfeindlich. Ich schätze Nadine Gordimer. Ich will nur nicht ihre Romane lesen.«

Langeweile, aber mit Respekt

Karasek bemerkte im *Literarischen Quartett* am 19. November 1992, er habe sich bei Hertha Müller »auch manchmal gelangweilt, aber mit großem Respekt«. MRR dagegen: »Wie der russische Offizier, der über seinen Feldwebel ein Gutachten schreiben soll, weil der versetzt wird. Da wird er im Gutachten gefragt: ›Trinkt er?‹ Und der Offizier sagt: ›Wenn ich schreibe, er trinkt nicht, dann glaubt das doch keiner.‹ Dann schreibt er: ›Er trinkt, aber er ekelt sich dabei.‹ So ist es mit Ihnen: Sie haben sich gelangweilt, aber respektvoll.«

»Dieses *Literarische Quartett* ist keine Veranstaltung im Rahmen der Woche der Brüderlichkeit. Was schlecht ist, ist schlecht, und es muss gesagt werden. Ich muss jetzt etwas sagen, was euch alle empören wird. Seit Jahren wiederhole ich das, und ich erkläre hiermit zum sechsundneunzigsten Mal: Jeder Roman heute! – bitte nicht *Zauberberg* oder *Buddenbrooks* –, der mehr als fünfhundert Seiten umfasst, ist schlecht. Bis zum Gegenbeweis werde ich das wiederholen. Kommt ein Roman von über fünfhundert Seiten und wird gut sein, bin ich bereit, vor laufender Kamera auf die Knie zu fallen. Nur: Der Roman kommt nicht.« Karasek verspricht, sich Mühe zu geben, »Sie in der nächsten Sendung auf die Knie zu zwingen«. Karasek schreibe einen Roman, vermutete Gast Peter Wapnewski. MRR darauf: »Der ist zu allem fähig, der schreibt noch einen Roman.«

Von Schulmeistern und Buchhaltern

Krise und Misere

»Die deutsche Literaturkritik ist schlecht. Sie macht eine schwere Krise durch, sie liegt darnieder und siecht dahin. Ihre Misere ist offenkundig, ihr Verfall erschreckend, ihr beschämender Tiefstand lässt sich nicht mehr verheimlichen.«

Der Polemiker

»Jede Kritik, die es verdient, eine Kritik genannt zu werden, ist auch eine Polemik.«

Höflichkeit – auf Kosten der Wahrheit

»Schwierig sei es – ich glaube, es war Bernhard Shaw, der das bemerkt hat –, ein Kritiker und zugleich ein Gentleman zu sein. Jeder Kritiker weiß aus Erfahrung, dass es zahllose Situationen gibt, in denen Höflichkeit dem Autor gegenüber nur auf Kosten der Wahrheit möglich ist.«

Als das *Literarische Quartett* sein fünfjähriges Jubiläum feierte, war zu Beginn der Sendung am 18. März 1993 offenbar eine Grundsatzerklärung des Meisters nötig: »Fünf Jahre *Literarisches Quartett* – da hat sich allerlei abgespielt, und vielleicht ist es nicht übertrieben, wenn wir heute ein Wort von Goethe zitieren, das Wort, mit dem Helena im Faust auf die Bühne kommt im dritten Akt des zweiten Teils: ›Bewundert viel und viel gescholten, Helena, vom Strande komm' ich, wo wir erst gelandet sind.‹ Fünf Jahre *Literarisches Quartett*, wir werden es gleich feiern, indem wir wie üblich über Bücher sprechen werden, und zwar so, wie wir immer sprechen. Das heißt, liebevoll und etwas gemein, gütig und vielleicht ein bisschen bösartig, aber auf jeden Fall sehr klar und sehr deutlich, denn – und dies kann man allen deutschen Kritikern ins Stammbuch schreiben – die Deutlichkeit ist die Höflichkeit der Kritik, der Kritiker.«

»Schließlich dürfen die Kritiker nicht deshalb eine Meinung äußern, weil sie ein Amt verwalten; vielmehr dürfen sie dieses Amt verwalten, weil sie eine Meinung haben.«

Der Schulmeister (I)

»Einem Kritiker gegenüber, dem der Vorwurf erspart bleibt, er sei anmaßend, und der auch nicht der schulmeisterlichen Attitüde bezichtigt wird, ist, glaube ich, besondere Skepsis angebracht.«

Der Schulmeister (II)

»Der beliebte Vergleich des Kritikers mit dem Schulmeister – übrigens nicht das Schlimmste, was einem Kritiker passieren kann – bleibt, soweit ich es sehe, nur jenen erspart, die es vorziehen, die Wertung zu umgehen oder aber die Werturteile so zu chiffrieren, dass ihre Entzifferung schon einer besonderen Kunst gleichkommt. Nur am Rande sei noch vermerkt, dass natürlich jede Kritik, offen oder getarnt, auch eine pädagogische Absicht enthält. Das gehört seit eh und je zu dem Gewerbe.«

Udo Pini, Redakteur im *Frankfurter Allgemeine Magazin*, hat MRR zuvor schon in den Jahren 1970 bis 1973 beim *Zeit*-Magazin erlebt, als Ex-Rhetorik-Student ihn stets suspekt gefunden und skeptisch versucht, seine Argumentationssprünge jenseits von Temperament und provozierter Replik als MRR-eigene Methode zu verstehen: »Objektiv ging das nicht, subjektiv wurde es chaotisch oder Parodie. MRR hatte zu viel Tageswirkung, und er widersprach sich zu oft, wenn man ihn nachdokumentierte. Seitdem blieb Distanz. Seine autoritäre Diktion hat ihn denn auch in der Redaktion der *Zeit* unbeliebt gemacht, die 1968er im *Zeit-Magazin* haben öfter offen über ihn gelacht, was ihn verunsicherte und ihm nicht behagte, er galt ihnen als illiberaler Erziehungsberechtigter, selbsternannter dazu.«

Staatsanwalt oder Verteidiger

»Der Kritiker ist kein Richter, er ist der Staatsanwalt oder der Verteidiger.«

Aus Klarheitsliebe

»Der Kritiker, der weder auf Thesen noch auf Postulate verzichten will und der sich nicht scheut, die Dinge um der Klarheit willen auf die Spitze zu treiben, zeigt zusammen mit seinen Vorzügen auch seine Schwächen. Je stärker und offenkundiger sein Engagement, desto stärker der Widerspruch, den er provoziert – oder auch die Zustimmung; er gilt dann entweder als anmaßend oder, viel seltener freilich, als souverän.«

Am 28. Oktober 1961 sei es gewesen, auf einer Tagung der Gruppe 47. Kurz nach zwei Uhr morgens habe der Schriftsteller Martin Walser im Beisein mehrerer prominenter Zeugen an MRR eine »kraftvoll-männliche, militärisch-knappe Ansprache« gerichtet, in der er die Literaturkritiker aller Länder und Zeiten mehrfach und nachdrücklich als »Lumpenhunde« bezeichnete. So wird berichtet. Die Antwort von MRR fand sich gedruckt ein Jahr später im *Almanach der Gruppe 47*: »Goethe empfahl zwar, die Rezensenten totzuschlagen, er hat aber mitunter selber Rezensionen geschrieben. Dickens und Tolstoi haben sich ebenfalls literarkritisch betätigt. Und auch in ihren Ohren klang nichts so hell wie das Schweigen der Kritik. In den Augenblicken, da wir den Sinn unserer Arbeit am meisten beargwöhnen, kann uns dieses Bewusstsein trösten. Die Autoren und Kritiker, sie ziehen denselben Wagen, wenn auch mitunter in verschiedene Richtungen. Der Antagonismus, der zwischen den Kritisierten und den Kritisierenden besteht und immer bestanden hat, ist nicht so tief und so ernst, wie er zu sein scheint. Wer könnte schließlich mit Sicherheit sagen, ob in jenem heftigen Plädoyer Martin Walsers gegen die Kritik nicht auch herzliche oder vielleicht sogar fast zärtliche Töne verborgen waren? Sicher ist jedenfalls, dass auch er, der Verfasser eines Buches über Franz Kafka, zu uns, den Lumpenhunden, gehört.«

Das sei der erste Satz gewesen, den er von MRR zu hören bekam, erzählt der Mainzer Germanistikprofessor Hermann Kurzke. Er hatte anno 1983 eine Proberezension geschrieben, über eine Neuausgabe von Thomas Manns Joseph-Romanen, und die hatte dem Meister nicht gefallen: nicht flott, nicht frech genug. Anmerkung von Hermann Kurzke: »Anders als in der Universitätsgermanistik der achtziger Jahre, unter der ich litt, waren bei ihm Deutlichkeit, Freimut und Unabhängigkeit erwünscht.«

Neue finnische Prosa

Wer fürs Literaturblatt schreiben wollte, musste erst ein paar Testläufe absolvieren: grundsätzlich auf Gebieten, in denen man sich überhaupt nicht auskannte. Diese Gebiete ermittelte MRR mit harmlosen Fragen in einem Vorgespräch. »Erzählen Sie ein wenig über neue finnische Prosa. Sie kennen sich da gar nicht aus? Fantastisch – dann besprechen Sie den Band mit DDR-Übersetzungen neuer finnischer Prosa!«

Wer Redakteur des Literaturblatts der *FAZ* werden wollte, musste nicht nur allen Herausgebern der Zeitung seine Aufwartung machen, sondern zuvor, nach einigen Fingerübungen, manchmal ein regelrechtes Rigorosum bei MRR absolvieren. Bei einem jungen Kollegen, der seine Doktorarbeit über die Literaturkritik in den Medien der Bundesrepublik geschrieben hatte, ging es natürlich irgendwann auch über das Thema der Dissertation. Ob sich mit einem Satz sagen lasse, was deren Ergebnis sei, fragte MRR, erkennbar gelangweilt. Viele Kritiker schrieben besinnungslos einfach voneinander ab, war die Antwort, die meisten Rezensenten der kleinen Regionalzeitungen nachweislich am liebsten von MRR. Der schien das längst zu wissen. Fühlte sich aber selbstverständlich geschmeichelt: »Was wollen Sie? Die Provinz hat Geschmack!«

Wer aber Redakteur des Literaturblatts geworden war, blieb es in der Regel lange Zeit. Der oder die eine oder andere hatte davor oder danach nie einen anderen Beruf. Beizeiten pflegte MRR das neue Redaktionsmitglied mit folgendem (oder einem ähnlich lautenden) Grundsatz auf die Arbeit dort einzustimmen: »Sie schreiben hier nicht für den Tag – hier schreiben Sie für die Ewigkeit!«

Als sich ein Bewerber im dunkelblauen Dreiteiler mit Schlips und kunstledernem Aktenköfferchen vorstellte und die Sekretärinnen im Vorzimmer abwinkten mit der Begründung, der wirke wie ein Buchhalter und sehe aus wie ein Bankbote. MRR hat ihn eingestellt.

Sorgen mit Schriftstellern

»Ich habe mal einen Vortrag unter dem Titel: ›Sorgen mit deutschen Schriftstellern‹ gehalten. Martin Walser war empört: ›Was heißt Sorgen mit deutschen Schriftstellern? Der behandelt uns, als wären wir alle seine Patienten.‹ Darauf bemerkte Jürgen Busche: ›Wie der Onkel Doktor durch die Krebsbaracke, so gehen Sie durch die deutsche Literaturbaracke.‹«

Gelungene Gedichte

»Einer der dümmsten Sätze, die je von einem deutschen Lyriker gesagt wurden, stammt von Benn: Bei jedem Lyriker gebe es fünf oder sechs gute Gedichte. Ich weiß nicht, warum dieser Satz immer wieder zitiert wird. Bei Goethe finde ich sechsundfünfzig oder sechsundsiebzig gute Gedichte. Und bei Heine sechzehn oder sechsundzwanzig. Bei Benn würde ich auch noch acht oder neun wunderbar finden.«

»Dieser Reflexionsabstand, von dem Sie sprechen, etwas, was ich in deutschen Romanen der letzten zwanzig, dreißig Jahre sehr oft gefunden habe, missfällt mir arg. Das hat Andersch oft gemacht, er schrieb im Roman solche Sätze wie: ›Mir gelingt dieser Roman nicht, es fällt mir schwer, weiterzuschreiben, ich weiß nicht, wie ich das jetzt weiterschreiben soll.‹ Ja, bitte, wenn's dir nicht gelingt, dann hör auf, den Roman zu schreiben, und quäle uns nicht mit deinen misslungenen Werken.«

Im *Literarischen Quartett* am 12. Februar 1990 ging es am Beispiel von Sten Nadolnys *Selim oder Die Gabe der Rede* um Romane, die von Gastarbeitern in Deutschland handeln. MRR führte aus: »Ich weiß, das ist ein wichtiges Thema für die Bundesrepublik, aber es ist nicht mein Problem, nicht meine Sache. Jetzt interessiert mich die Bevölkerung einer bestimmten Kleinstadt in Pennsylvania überhaupt nicht, aber der Roman, den John Updike geschrieben hat und der in dieser Kleinstadt spielt, hat mich fasziniert. Deshalb meine ich: Es liegt nicht an den Türken, dass sie mir so fad vorkommen, es liegt an dem Nadolny, der sie nicht hat darstellen können.«

Im *Literarischen Quartett* am 25. März 1988 ging es um Andrzej Szczypiorskis Roman *Die schöne Frau Seidenmann*. Einer der Beiträge von MRR: »Ich habe mal in einer Diskussion mit Hilde Spiel Arthur Schnitzler als höchst unterhaltsamen Schriftsteller gelobt und gerühmt. Und sie war empört und hat gesagt, es sei ein Skandal, was ich da gesagt hätte, Schnitzler sei ein ganz großer Schriftsteller und kein Unterhaltungsschriftsteller gewesen. Natürlich ist Schnitzler kein Unterhaltungsschriftsteller, auch bei Szczypiorski trifft das nicht zu. Aber Szczypiorski vermochte einen sehr gut und leicht lesbaren Roman zu schreiben. Er ist ein vernünftiger Mensch, der geistreich ist, der nicht nur gut, anschaulich, plastisch erzählen kann, der auch noch intelligent was zu sagen hat. Und human auch noch. Herrgott, wenn wir einen deutschen Roman dieser Art heutzutage hätten, ich wäre froh!«

Über »Deutsche Unterhaltungsliteratur« in der *Zeit* am 6. April 1962: »Seit eh und je neigt der deutsche Autor dazu, entweder weltbewegende Philosophie anzustreben oder sein Buch von vornherein auf einer Ebene anzusiedeln, die sich eigentlich schon außerhalb der Literatur befindet. ›Seinsergründende‹ Werke oder derbe Späße für geistig Unbemittelte. Goethe, das Land der Griechen mit der Seele suchend, oder Kotzebue, das Land der Deutschen mit Rührseligkeit versorgend. *Wilhelm Meister* oder *Rinaldo Rinaldini*. *Der Grüne Heinrich* oder *Die Goldelse* (der Elfriede Marlitt). *Gyges und sein Ring* oder *Der Raub der Sabinerinnen*. *Parsifal* oder *Alt-Heidelberg*. Hugo von Hofmannsthal oder Nataly von Eschstruth. Mann oder May. *Der Zauberberg* oder Ganghofers *Laufender Berg*. Hans Henny Jahnn oder Hans Heinz Ewers. Das sei übertrieben? Natürlich ist es übertrieben, aber es geht doch einfach darum, dass in der deutschen Literatur meist das Mittelmaß fehlt.«

MRR im *Literarischen Quartett* am 13. August 1992: »Ich bin ein Mensch, der mit Ernst Jünger nichts anfangen kann, das ist ein Autor, der mir zuwider ist. Ich weiß allerdings, was Klaus Mann am Ende der zwanziger Jahre über Ernst Jünger geschrieben hat: ›Dass er schreiben kann, macht den Fall noch schlimmer.‹ Ein Schriftsteller von Rang ist der Jünger, aber ein barbarischer Schriftsteller.«

Botho Strauß – schrecklich

Im *Literarischen Quartett* kam am 12. Oktober 1989 das Gespräch auf Botho Strauß. Löffler: »Sie haben mal geschrieben, dass das der Autor ist, von dem wir den großen Roman der Generation erwarten.« Darauf MRR: »Ich habe noch nie von einem Autor einen Roman gefordert. Denn ich weiß, es kann passieren, dass er ihn schreibt. Strauß hat leider einen schrecklichen Roman geschrieben, *Rumor* heißt der.«

Am 25. August 1995 stritt man ebenfalls über Botho Strauß, diesmal über den Roman *Wohnen Dämmern Lügen*. Karasek äußerte seinen Endruck, »der Botho Strauß will das ›ck‹ ausrotten. Ich habe das Buch in Fahnen lesen müssen. Sind das nur Unarten des Verdruckens, oder schreibt er wirklich: ›deken‹ und ›loken‹ statt ›decken‹ und ›locken‹?« Ihm antwortete MRR: »Sehen Sie: Das ist eine so schlechte Prosa, dass man Druckfehler nicht vom eigentlichen Text unterscheiden kann.« Augenblicke später zu Sigrid Löffler: »Ich will Ihnen nicht weh tun, aber bei dem Botho Strauß gibt es viele Prosastücke von sehr begrenzter Intelligenz.« Das habe, erwiderte Frau Löffler, »dem Botho Strauß nun wirklich noch niemand vorgeworfen«. MRR zurück: »Das ist das Unglück, dass es ihm niemand vorgeworfen hat.«

Über die »neue Innerlichkeit« in der *FAZ* am 6. Juni 1981: »Handke, der in den späten sechziger und frühen siebziger Jahren ein wichtiger Vertreter der jungen Literatur war, schreibt, seit es sein Ehrgeiz ist, sich als Heilsverkünder zu betätigen, eine angestrengte und hochpathetische Prosa. Ihre schiefen Bilder und preziösen Vergleiche können die Dürftigkeit seiner Gedanken nicht verbergen. Die Dokumente der baren Innerlichkeit sind Ausnahmeerscheinungen. Sie bestätigen, dass es in unserer Literatur eine neue Innerlichkeit nicht gibt. Heute kann sie weder Rettung noch Zuflucht sein. Sie ist nur noch ein Anachronismus.«

Blockiert

Am 15. Dezember 1994 wurde im *Literarischen Quartett* über Peter Handkes *Mein Jahr in der Niemandsbucht* verhandelt. Löffler war der Ansicht, »eine Schreibblockade sei für einen Schriftsteller eine Katastrophe«. MRR dagegen: »Manchmal ist eine Schreibblockade für die Leser ein Segen, das wollen wir nicht vergessen.«

Carola Stern attestierte dem Schriftsteller Peter Handke, er benutze die Menschen, liebe sie aber nicht. MRR: »Wir haben nicht von dem Schriftsteller zu verlangen, ob und wen er liebt. Aber ich verüble dem Handke auch etwas. Das Schlimmste, was ich einem Schriftsteller verübeln kann: Ich habe mich sehr gelangweilt bei Handke.«

Jenseits aller Liebe

MRR über Martin Walsers Roman *Jenseits der Liebe* in der *FAZ* vom 27. März 1976: »Ein belangloser, ein schlechter, ein miserabler Roman. Es lohnt sich nicht, auch nur ein Kapitel, auch nur eine einzige Seite dieses Buches zu lesen. Lohnt es sich, darüber zu schreiben? Ja, aber bloß deshalb, weil der Roman von Martin Walser stammt, einem Autor also, der einst, um 1960, als eine der größten Hoffnungen der deutschen Nachkriegsliteratur galt.« Letzter Satz: »Martin Walser, den wir für einen der besten Erzähler seiner Generation gehalten haben, trieb viele Jahre lang mit seinem Talent Schindluder. Er hat es fast ruiniert und ist nun erneut an einem Tiefpunkt seiner Laufbahn angelangt.«

Noch ein Satz über Walser

In der *FAZ* vom 4. März 1978 aus Anlass der Novelle *Ein fliehendes Pferd*: »Martin Walser hat offenbar nicht mehr den Ehrgeiz, mit der Dichtung die Welt zu verändern. Er will nur ein Stück dieser Welt zeigen. Mehr sollte man von der Literatur nicht verlangen.«

Und noch einer

Über das Buch *Jagd* im *Literarischen Quartett* am 30. September 1988: »Der Walser schreibt einen Roman nach dem anderen seit fünfundzwanzig Jahren. Die meisten waren von der Kritik überwiegend negativ beurteilt, viele sind total vergessen. Und zu Recht. Dennoch: Er stolpert von einer Niederlage zur nächsten und ist unaufhörlich ein bekannter, ein eigentlich immer berühmter werdender Schriftsteller. Das hat Gründe. Und einer der Gründe ist gerade das, was ihm sehr verübelt wird: dass er nicht aufhört, regelmäßig Bücher zu publizieren.«

Nachgeholte Umarmung

Ein Roman-Erstling von mehr als siebenhundert Druckseiten wie *Die Blechtrommel* von Günter Grass (1959): grundsätzlich zu lang, befand der Kritiker MRR in der *Zeit*. Nicht nur aus diesem Grund allerdings war seine Rezension ein harscher Verriss. Der einzige Fall übrigens, soweit bekannt, in dem er sein Urteil nach Jahren öffentlich revidiert hat – in einem anderen Medium zwar, doch mit dem freimütigen Bekenntnis, dass seine kritische Methode »Irrtümer keineswegs ausschließt, ja sie mitunter sogar begünstigt«. Ausdrücklich ausgenommen von der Revision war der Vorwurf, »der Autor habe von der Kunst des Weglassens keinen Schimmer und sei sogar geschwätzig. Ich beanstandete Geschmacklosigkeiten und Schaumschlägereien. Dies alles war und ist im Großen und Ganzen richtig. Dennoch könnte ich diese Kritik nicht mehr unterschreiben. Ich würde heute die Akzente anders setzen und mich insbesondere mit dem Neuartigen in der Prosa von Grass viel eingehender befassen.« Vorauseilend kokett jedoch klingt dann sein Bekenntnis im Schlusssatz: »Sollte der Westdeutsche Rundfunk in Zukunft noch einmal eine Sendereihe ›Selbstkritik der Kritiker‹ veranstalten, dann werde ich gewiss – sosehr ich es auch vermeiden möchte – mit neuen Irrtümern zur Verfügung stehen.«

Wiederum in der *Zeit* heißt es dann 1969 über Günter Grass aus gegebenem Anlass: »Das ist längst nicht mehr der urwüchsige Tausendsassa, der Kritik und Publikum aufschreckte, der Artist, der mit traumwandlerischer Sicherheit auf hohem Seil agierte, der triumphierende Draufgänger, der seine Kraft und Vitalität kaum im Zaume halten konnte. Auch ihn, den nicht zufällig und nicht zu Unrecht berühmtesten Dichter des heutigen Deutschland, haben die sechziger Jahre gewandelt, geschwächt vor allem und vielleicht sogar gelähmt. Das zeigt sein neuer Roman, der erste nach sechs Jahren, mit greller und unbarmherziger Deutlichkeit. Der Autor, der dieses Buch mit dem Titel *Örtlich betäubt* geschrieben hat, erinnert an einen offenbar schwer angeschlagenen und daher gereizten Boxer, der sich jetzt unsicher und manchmal sogar unbeholfen im Ring bewegt, an einen müden und lustlosen Akrobaten, dem das Malheur passiert ist, sein Selbstvertrauen zu verlieren.«

MRR dann anno 1988, über das Buch *Zunge zeigen* von Günter Grass: »Wozu soll ich eigentlich ein Buch über Kalkutta lesen? Mich persönlich interessiert Kalkutta überhaupt nicht. Wenn ich aber ein Buch über Kalkutta lesen möchte, dann doch nicht von einem Poeten, der dahingefahren ist für drei oder vier Monate, der sich etwas umgesehen hat. Was hat er dort gesehen? Schmutz, Gestank, Elend, Armut. Das wissen wir doch. Inhaltlich sagt er uns gar nichts.«

Auf denselben Anlass kam MRR wenig später noch ein zweites Mal zu sprechen: »Was ist mit diesem Grass los? Wir sollten ihn doch nicht wie einen matten Pilger behandeln, der nun gestreichelt werden muss. Ich meine, der ist doch ein Talent sondergleichen. Aber er kann kein Thema mehr finden, ist ausgeschrieben. Deshalb ist er nach Indien gefahren. Er ist nicht nur geflohen aus der BRD, wo man *Die Rättin* verrissen hat. Gut, das ist ein Grund. Aber er hätte genauso gut nach New York fahren können. Er hat dort, in Kalkutta, nichts Neues gesehen. Vielleicht, weil er den Thomas Mann dort so aufmerksam gelesen hat, wofür ich viel Verständnis habe. Ist ja sehr schön. Aber er hat doch nichts gemerkt. Das Buch ist leer. Da ist doch was nicht in Ordnung.«

Im September 1977 feiert die Gruppe 47 im oberschwäbischen Saulgau ihr dreißigjähriges Bestehen mit einer Art »Abschiedstreffen«. Anwesend sind Günter Grass und Uwe Johnson, auch Ilse Aichinger, Wolfgang Hildesheimer, Helmut Heißenbüttel, Jürgen Becker, Walter Jens, Hans Mayer, Peter Wapnewski, Reinhard Baumgart, Joachim Kaiser und Fritz J. Raddatz, ferner Siegfried Unseld, Heinrich Maria Ledig-Rowohlt und Klaus Piper. Grass äußerte sich kritisch über die deutsche Literaturkritik, die »immer noch mit den Instrumenten aus den fünfziger Jahren« arbeite. MRR reportierte: »Nach diesen Verlautbarungen, die nicht erörtert wurden, erzielte Grass einen Lacherfolg: Er bedauere, gestand er, dass das neue Ehescheidungsrecht nicht auf das Verhältnis Autor-Kritiker angewandt werde. Dem ist zu entnehmen, dass Grass sich von manchen seiner Kritiker gern trennen und sich andere wählen möchte. Er träumt offenbar von einer harmonischen Beziehung.«

»Es gibt Ehen, die werden auf keinem Standesamt besiegelt und auch von keinem Scheidungsrichter getrennt«, setzte Grass 2005 nach. Sein Beitrag trug den Titel »Es gibt Ehen, die werden auf keinem Standesamt besiegelt« und erläuterte, wie sein Verhältnis zu Reich-Ranicki zu verstehen sei: »Ich werde ihn nicht los, und er wird mich nicht los.« Und er fuhr fort: »So hängen wir aneinander und tragen uns unsere Zerwürfnisse nach. Als er mich vor Jahresfrist nach längerem und dröhnendem Schweigen in Lübeck besuchte, waren wir beide ein wenig gerührt. Der wechselseitigen Abhängigkeit bewusst, gingen wir schonend miteinander um. Sein Sohn war dabei und machte Fotos von uns, aus denen leider, wie später zu hören war, nichts wurde. Die ihm nachgesagte Unerbittlichkeit ist, so schien mir, von den Rändern her ein wenig faserig, durchsichtig geworden; das macht ihn umgänglicher. Er stellte sogar Fragen, vermutlich aus aufkeimendem Selbstzweifel. Ich hätte ihn umarmen sollen. Das sei hiermit nachgeholt. Noch haben wir Zeit für weitere Missverständnisse und Liebesbeteuerungen.«

Das Blaulicht-Subjekt

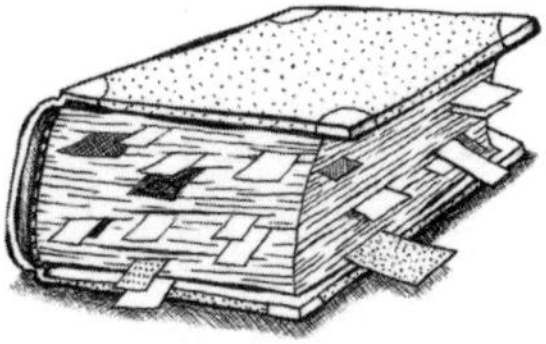

Im Mai 1994 wars, in der Villa Metzler in Frankfurt, erzählt Eva Demski. Einige Gäste waren schon im Aufzug nach oben gefahren, andere warteten noch im Erdgeschoss, darunter auch Marcel und Tosia Reich-Ranicki. Schließlich stieg man ein, der Aufzug setzte sich in Bewegung. Und hielt wieder an, ruckelte noch ein Stück. Aufwärts. Abwärts. Dann endgültiger Stillstand. Rufe, beschwichtigender Zuspruch. Die Hausherrin ließ für alle Fälle nach dem Notarzt rufen. Als ein Mechaniker eintraf, wieder Ruckeln und Zuckeln – aufwärts wie abwärts. Der neuerliche Stillstand erlaubte es immerhin, mit sanfter Gewalt die Fahrstuhltür zu öffnen. Nacheinander kletterten vier Fahrgäste ins Freie. Sie brauche jetzt als Erstes eine Zigarette, sprach Tosia erlöst. MRR gelassen: »Wir haben schon Schlimmeres durchgestanden.«

Joachim Kaisers Gedichte

Diese Taxi-Geschichte hat *FAZ*-Herausgeber Frank Schirrmacher überliefert. Sie spielt in München, wo MRR seinen Kritikerkollegen Joachim Kaiser zum Taxi brachte. Verabschiedung wort- und gestenreich, wie es in dieser Zunft nicht anders denkbar ist. Im Taxi fragte der Chauffeur den *SZ*-Literaturkritiker Kaiser verschwörerisch mit den Augen zwinkernd: »Na, haben Sie ihm Gedichte vorbeigebracht?«

Peter Demetz, Chairman der Yale-Germanisten, hat einmal die Polizei zu Hilfe gerufen, als er die Referenten eines Vortragsprogramms vom Bahnhof abholen sollte und einige mit riesigen Koffern anrückten. Der Sheriff, um den illustren Gästen ein wenig zu bieten, schaltete zur Rundfahrt »durch die erschrockene Kleinstadt«, so Demetz, das Blaulicht ein. »Marcels Stirn, wenn ich mich recht erinnere, war umwölkt, aber je mehr das Blaulicht blitzte und die Sirene heulte, desto mehr begann sich seine Miene aufzuheitern, er lachte sogar und schlug mir munter auf die Schulter, als uns der höfliche Fahrer die Tür aufhielt. Marcel sagte mir dann, warum er in diesem Polizeiwagen fast glücklich gewesen war: In seiner Jugend hatte er in seinem Versteck nach der Flucht aus dem Ghetto gelernt, die Polizei und alle Uniformen zu fürchten, aber hier war er mit einem Male das Blaulicht-Subjekt, nicht das Objekt aller Aufmerksamkeit, und alles war ganz anders.«

Die einzige Ausgabe, die das *Literarische Quartett*, neben Österreich, aus dem Ausland ausgestrahlt hat, kam aus Prag, am 26. April 1996 live aus dem Goethe-Institut direkt an der Moldau. Die deutschsprachige Tradition dieser Stadt fand sich in der Person von Peter Demetz repräsentiert, der Gast in der Sendung war und für ein paar Tage in seine alte Heimat zurückgekehrt war. Eine Taxifahrt sollte auf die Prager Burg führen, zu Franz Kafkas ehemaligem Domizil in der Goldgasse und zum Palast Václav Havels, des Dichterpräsidenten der Tschechischen Republik. Man brach vom altertümlichen Hotel Jalta am Wenzelsplatz auf, war aber gewarnt: Wer hier als ausländischer Tourist ein Taxi bestelle, werde unweigerlich betrogen und zahle ein Vermögen. MRR machte beim Verlassen des Hotels einen praktischen Vorschlag: »Wenn wir alle Polnisch reden, dann wird uns der Taxifahrer schon nicht übers Ohr hauen!« Beherzt eilte er, Arm in Arm mit seiner Frau Tosia, zum nächsten Taxistand und murmelte etwas auf Polnisch. So fuhr man durch die Stadt, MRR vorn sitzend, hinten stumm und rauchend Frau Reich-Ranicki und der *ZDF*-Redakteur Werner von Bergen. MRR redete mit dem tschechischen Fahrer die ganze Zeit über nur Polnisch, und man hatte einander prächtig verstanden. Vermutlich hat er allenfalls einen osteuropäischen Spezialpreis zahlen müssen.

Ein Abend im Juni 1990, in Brenners Park-Hotel in Baden-Baden hatte die vom Fernsehen ausgerichtete Feier zum siebzigsten Geburtstag von MRR ihren Höhepunkt erreicht. Eine Schönheit am Flügel spielte Tristan-Klänge, erinnert sich Peter Wapnewski, und man kam auf Richard Wagner zu sprechen: »Ein Wort gab das andere und nahm das nächste, und eine tadelnde Schmähung übertraf die andere, die Lust des wohlfeilen Verdammens gefiel sich in braver Selbstzufriedenheit. Marcel aber schwieg. Schwieg bis zum Ende des einfältigen Raisonnements, und das Ende setzte er. Mit leiser Stimme, samten singend, fast säuselnd resümierte er: In der Tat, es habe sehr viel bessere Menschen gegeben als diesen Wagner. Großmütigere, gütigere, tolerantere, politisch gescheitere, noblere, kurz: auf mannigfache Weise wertvollere. Nur – unter uns: Keiner von ihnen habe den *Tristan* komponiert …«

GEBURTSTAGSCARMEN FÜR MRR UND DIE SEINE

In den Kreis der Gratulanten
möcht ich mich schon gerne reihen,
hochverehrter MRR.
Nein, an sonderlich markanten,
extraordinär vaganten
Donner-Blitz-und-Witz-Geschichten
Weiß ich außer den bekannten
(Sie verzeihen!)
Keine wirklich neuen zu berichten,
also, eh ich mir das Maul verzerr …

Meine, eh ich in vergilbte Tasten greife,
einfach nur, was zu gefallen glaubt.
Heißt, zur neu entflammten Friedenspfeife:
Weiterhin Fortunas Segen auf Ihr Haupt.
Immer mit zu denken die von uns geliebte Tosia
und – falls solch ein Reim erlaubt –
ewig während nektarynka i ambrosia.

Begegnungen mit Marcel Reich-Ranicki. Herausgegeben von Hubert Spiegel. Frankfurt am Main und Leipzig 2005: Insel Verlag.

Prokopios von Caesarea sei es gewesen, behaupten die Nachschlagewerke. Prokopios, angeblich Historiker, in Wahrheit aber wohl eher ein spätantiker Klatschkolumnist, habe im sechsten Jahrhundert ein Buch voller Indiskretionen über den oströmischen Kaiser Justinian I. verfasst, die Veröffentlichung seines Werkchens allerdings zu Justinians Lebzeiten lieber nicht riskieren wollen. Trotzdem oder natürlich gerade deswegen hat zumindest der Titel Furore gemacht: *Anekdota* hieß die Sammlung unerhörter Geschichten, denen eigentlich nur gemeinsam war, dass kein Mensch zuvor von den Ereignissen Kenntnis bekommen hatte, die darin ausgebreitet wurden. Im Lauf nachfolgender Jahrhunderte wandelte sich die Anekdote von einem historischen zu einem literarischen Format, das Historiker ebensogut beherrschten wie Geschichtenerzähler und das Schriftsteller ebenso zu schätzen wussten wie ihre Kritiker. Die Anekdote nahm also rasch und fast von selbst eine Gestalt an, die sowohl mit dem Schwank wie mit der Schnurre verwandt war und auf jeden Fall sehr kurzweilig, unterhaltsam und allemal vergnüglich daherkam. Plutarch, ein Zunftgenosse von Prokopios, habe sich die meisten seiner als Lehrbeispiele unters Volk gebrachten Anekdoten selbst ausgedacht, heißt es. Und auch Prokopios habe nicht eine einzige seiner Geschichten persönlich bezeugen können. Er habe sie allesamt bloß vom Hörensagen gekannt.

Bei Anekdoten, Bonmots und Aperçus von Marcel Reich-Ranicki ist das ganz anders. Die habe ich, ganz ehrlich, selbst erlebt, auf den Redaktionsfluren der *FAZ* aufgeschnappt und teilweise am Bildschirm mitangesehen, wenn etwa das *Literarische Quartett* oder die Berichte vom Bachmann-Wettbewerb in Klagenfurt ausgestrahlt wurden. Die lebendigsten, historisch wahrsten und literarisch vergnüglichsten Geschichten haben mir Werner von Bergen, Eva Demski, Hellmuth Karasek, Monika Kunz, Udo Pini, Brunhilde Piper, Mathias Schreiber, Hans-Joachim Simm, Hubert Spiegel, Dieter Stolte, Ulrich Weinzierl, Uwe Wittstock und Dieter E. Zimmer erzählt. Die oft ergiebig langen Telefonate haben großen Spaß gemacht – und ich danke für die geduldige Bereitschaft zum Gespräch. Meine beiden Töchter haben dieses Bändchen angeregt, völlig unschuldig und – unmittelbar vor und nach ihrer Geburt – auch ziemlich unfreiwillig. Das verdient aber auch einen Dank!

Franz Josef Görtz